だいわ文庫

色は語る

色彩と心理の不思議な関係を読む

山脇惠子

大和書房

はじめに　ピンク色の効果で若返るならやってみたい？

「色の効果」という話でよく連想されるのは「色彩心理（学）」です。個人的には「色彩心理」はまだ学問として成立してないというスタンスなので「学」抜きなんですけど、世間一般的には「学」があろうがなかろうが、さほど気にしていないといったところでしょう。

私の仕事は芸術療法やカウンセリングをすることなので、描かれた作品を見て考察したことを、患者さんの主治医に伝えることもあります。色だけというよりは全体を見てですが、それでも色と人の心については、そこに何が込められているか、象徴性、文化・社会的な役割、歴史、個人と色の関係など、ありとあらゆることを意識して考えます。だから色に関わるすべてを理解しておきたいと思うものの（もちろんそれも限界のある話）、誰かが期待するような、単純な色彩分析はほとんどできないといえるでしょう。

また論文などで発表される様々な実験も含め、「色の世界」の現状は証明（検証）できていないことばかりなんです。

どこかで「色には人に与える普遍的イメージがあるので」という言葉に始まって、好きな色からの性格分析とか、描かれた描画の色による心理分析などを聞くと、そんなことを言っちゃって大丈夫なのかとおろおろ。あるいは「色は心と体に大きく影響するので」と始まって、美容や病気の情報本のなかで、脳内物質の名称と一緒に色の効果を書かれると、そんな色の科学的説明をしちゃってどうするのかとまごまご。どこにそんな実証が？　いや、ないですよね？　ほとんど。で、どうもモヤモヤしてしまいます。

例えば「ピンクは女性ホルモンを活性化させる」、「ピンクを着ると若返る、お肌がツヤツヤしてくる」。よく聞かれるこの話。でも科学的証明はされていない。なのに有名。これを聞いて私は大反対！　はしないんですよ。個人的な立場としては「あ、これ、可能性ある！」。いや、誤解のないように。ただし「色の影響ではない」のです。

では何の力か？　これは「人が持つイメージの力」。聞いた人が、それを強くイメージできると、それなりの効果が生まれることがあるんです。

「色よりイメージのほうが疑わしい」と思うのならば、医療やスポーツなど身近な世界で活用されている「イメージする力」の実践状況と結果を知るとわかると思います。

病院などで教えてもらった人もいるかもしれませんが「自律訓練法（イメージを通して心身の状態をコントロールする古典的メソッド）」や、スポーツ心理学では、運動する自分、勝利する自分のイメージをリアルに思い浮かべる「イメージトレーニング」。あの体操のオリンピック金メダリスト内村航平さんも、子どものころからイメージトレーニングをしていたそうですね。また自己啓発系では、プレゼンなどをリアルにイメージする「リハーサルトレーニング」など。イメージは人の心に大きく働きかけ、よい結果に近づくための強い味方になるのです。

反対の力もあります。例えば閉所恐怖症から、病院のドーム型ＭＲＩ検査機に入っただけで息苦しくなりパニックになってしまう人もいますね。本人は本当に息苦しいのですが、現実の空気が変化しているわけではなく、その人の「イメージする力」で息苦しくなるのです。イメージが引き起こす影響は、それほど大きいものなのです。

そんな「人がイメージする力」に大きく貢献するもの、それが「色」です。白黒写真よりカラー写真のほうが臨場感がありますね。色覚がある人間にとって色は、イメージをよりリアルにし強化するものだからです。

さっきのピンクの話も、現実に色が影響するのではないでしょう。なぜなら「ピンクはかわいい色」、「ピンクは女性的な色」というのは、近代以降にできたイメージ。「ピンクで若返る」は、ピンクという色が直接ホルモンに働きかけているのではなく、ピンクによってホルモンが活性化しているイメージ（実際にがん細胞をやっつけるイメージ療法というものもあります）を持てる人や、肌がツヤツヤになること、「かわいい色」で若返ると強く期待できる人ならば、絶対ハッピーな気分になれるでしょう。そうすればからだの緊張がほぐれ、体調も変化し、肌だって調子がよくなるかもしれません。

重要なのは、その色の「イメージを知っていること」、そして「信じるかどうか」なのです。

個人的スタンスとして、伝える側は「色の効果」なのか「イメージの効果」なのかわかっている必要があると思いますが、実践する側は、信じられれば何だっていいし、結果が出ればなおよろしい、と思います。そんなわけで、私も時には〝今の日本で共有されている〟色のイメージを利用した「色の呼吸法」をお勧めすることだってあります。もちろん「若返り」ではなく、リラックス感を高めたり、気分転換に役立てるためです。

「ピンクはかわいい」のように、「普遍的な色のイメージ（時代や文化が違っても、人間が共通して持つイメージ）」があると思っていたら、それは違います。ほとんどの色に「普遍的イメージ」なんてありません。それは色の歴史を見ればはっきりします。

「黄色は陽気な色、緑は安らぎの色、青は知性の色」。昔からそう感じてきたと思えるほど浸透していますが、もしタイムワープして、それを中世ヨーロッパで言っちゃった日には、「コイツ悪魔か!?」なんて言われて、大変な騒ぎになるでしょう。いやいや、そのくらいの話なんです。色のイメージは、文化、宗教、時代によってガンガン変わり、世界である程度共有できるようになったのは、近代以降。色を人のために使うには、その時代その時代のイメージに合わせなければいけないのです。

では色に普遍的なイメージはまったくないのかというと、いくつかの色はあると思いますね。言語的進化を見ても、また動物たちの生得的（本能として持っている）反応を見ても、恐らくヒトも同じような色に対する本来的な反応を持ち、それはまだ残存しているといえるでしょう。なぜなら色覚を持つ生き物の人類にとって、色は生存率をあげるための重要な情報源のひとつだったからです。

そうした太古の体験は色への反応を生み出し、後の人々によってイメージが創造され、その多くは何度も反転、捏造《ねつぞう》、修正に至り、新たに共有されるといったことを繰り返してきました。だから色のことを考えると、それぞれの時代の誰かがヒョッコリ顔を出してきたり。

こうして色と心の関係を求めて、その根源を探っていったら、いつのまにか「色彩心理」の外堀が埋まってきました。そこにはたくさんの人間と色のお話、ちょっと笑っちゃったり、ちょっと怖かったりする世界が待っていたんです。そりゃあね、色はずっと私たちと一緒に歩んできたのですから。

そう、色って本当におもしろい！　理屈抜きでおもしろい世界なんです。

もくじ

序章

「色彩心理」は単純じゃなくって

「色彩心理」という言葉は知っていてもよくはわからないという人も多い。そこでどんなものだと思いますか？　と質問するとだいたい次の2つがあがります。

1　洋服などの色の好みや、子どもが描いた絵などの使う色で、性格や心理的なことがわかる。

2　色は人の行動や心に影響を与える。

心理学の勉強には、こうした内容が含まれると思う人もいましたっけ。たしかに心理学で「色」にまつわることは学びます。でもそれは、人がどのように感じるかという知覚の一現象、また認知心理学としてまず勉強するのです。

例えば基礎心理学の範疇《はんちゅう》で、色と色が並んだら、色同士が影響しあい、人は現実とは違う色を感じてしまう、なんていうもの。これだって不思議でおもしろくないですか？

ただほとんどの人はあの2つの事項が気になる様子。はっきりしているのは、心理学のなかに色彩心理学という独立した分野はありません。期待に応えられそうな分野はありますよ。社会心理学、産業心理学、臨床心理学などなど。例えば「人格心理学」ではいわゆる「心理テスト」を勉強します。色が出てくるテストもありますが、色の好き嫌いで何かを調べるというテストはありません。

そう言うと「え、ウソでしょ？」と信じてもらえなかったことも。ネットなどでよく見られる「好きな色であなたの心理（性格）がわかる」とうたっているのは、占いですからね。アブナイアブナイ。

そもそも色から何かを読み取ると言っているとき、その理論（？）のベースとなる「色には（一色一色に）普遍的イメージがある」という前提に無理があるのです。「黄色を好きな男性はポジティブで好奇心旺盛、ちょっと子どもっぽいけれど夢を追いかける人」なんてものを読んだことがありますが、その黄色好きの「人のイメージ」は、「色のイメージ」から発展させています。「元気、明るい、子どもっぽい」。現代の私たちには自然に感じられるので、つい信じたくなりますが、色のイメージは時代や宗教、国によって違います。

この黄色の「元気」というイメージも最近生まれたもの。人間に対して「普遍性」を生むほどの影響があるなら、身体的な反応を引き起こすくらいの色でなければ難しい。すべての色にそうした報告はないので普遍性はありません。だいたい一色一色、いちいち強い身体的反応があったら、こんなに色があふれた社会じゃ大変すぎます！

「普遍的じゃなくても、今のイメージが好きなら、そこから言えることがあるのでは？」という発想もあるでしょう。

まず時代や地域ごとに違うなら、どのイメージを使えばいいのかわからず、まったく役に立たない。

次に、「黄色を好きな人のイメージ」が「黄色のイメージ」そのものにつながるのは、音楽療法の説明でよく使われる「同質の原理（悲しい気分のときには暗い曲を聴くほうが効果的など）」に似た感じで、「あるイメージが好きな人は、そのイメージと共通する性格を持つ。元気なものが好きなら、元気な人」と言われると、なるほど！　と思ってしまうのかもしれません。ところが「お笑い」が好きなのに、ものごとをすごく暗い方向に考える人っていませんか？　惹《ひ》かれる色が、性格のある一面や一瞬の気分に触れることはあるでしょう。でも人は複雑で多面的な存在。好きな色レベルでの判断は、当たるも八卦《はっけ》当たらぬも八卦の占いと考えるのが正しい。

つまり2つの事項の1つめ、色だけで性格を言い当てたり、色だけで複雑な心の状態を分析するような心理学はありません。

また子どもの絵について。実は昔、色彩を学び始めたころは、子どもは社会での体験がほぼないので、幼児の色に対する反応は純粋に生得的な感覚に結びついていると思っていました。だから大人の絵より色彩の普遍的イメージを持っていると。ところが実際には違いました。

社会に出ていない子どもは、乳幼児から（環境という意味では胎児から）、親の感情や行動にものすごく敏感で、ものすごく影響を受けます。親が社会であり環境なのです。これはカウンセラーという仕事をしてきて、これほどのものかと心底実感させられた事実です。そしてそれは色に対する反応も同様。親の色への無自覚な反応や行動が、子どもに影響しています（ピンクの章で詳しく）。

そのため色の分析は、絵ならば何をどんな線で、どんなふうに、どんな位置に、全体にどんな様子と流れのなかで描いたかといったすべてを見て、「色だけで考える」ということはしません。そんなに単純なことではないのです。

2つめの「色は人の行動や心に影響を与える」かどうか。そうですね、これはイエスでありノー。「好きな人との相性をあげる色ってありますか」、「彼女をその気にさせる色とか」って、みなさんムチャぶりなさるけど。

まず生理学的な影響はあるといえます。人間のからだはうまくできていて、外から（色などの）刺激が入ってきても、それに振り回されず、常に安定した感覚で世界を感じていられるように設計されているからですね。

例えば色の刺激が目に入ってきたら、その刺激を抑制する反対の力が働き、実際の物理的な色とは違う、現実にない色を見ている、なんてことも起きます。こうした反応は色に限りませんけど。ちなみにこの後のページに、そんな色の例をあげているので見てくださいね。まあ、これも影響。あるいは赤が肉体に影響を及ぼしていることは、多くの実験でいわれています。

そして生理学的な影響があるなら、心にも行動にも影響があるのではないかという考えもあるでしょう。現在でも社会心理学や産業心理学、スポーツ心理学、また心理学以外も含めて脳科学などで、色による気持ちや行動の変化を調べるといった実験はありますが、実験そのものの厳密性という意味では、現代の科学に限界があるのです。ヒトの「心」を可視化して明快に分析するには、科学がもっと発展したらわかることも多くなると思いますが、現状はまだ無理です。

もっと単純な例をあげるなら、料理の見た目。焼いたお肉の皿にプチトマトやレタスの葉をそえると、見た目においしそうになっていいですよね。でも「おいしそう→必ず食べる」ってなりますか？ ダイエットをしている、今は満腹、肉は嫌い、とにかくたくさんの要因で食べないことだってあります。赤と緑が加えられた結果「おいしそうに感じる」けれど、そこに必ず影響されるわけではない私たち。

考えてみてください。人が何か判断して行動をとる一瞬のなかにも、その人が持っている遺伝的要素と、過去の経験、今の気分と現実的状況など、複雑なものがすべてつまったその人の結果ですからね。表面的には簡単な行為に見えても、深い無意識と肉体と時間の上に成りたっているこの瞬間の自分って、実はものすごく複雑な存在なんですよ。

さてまとめてみると2つの項目のどちらも単純にはいえないというのが本当。でもそこからちょっと離れて、生物と進化という視点で考えると、ある種の色は、人に何らかの影響を与え、そこからその人ならではの反応を生みだしたりする可能性はある。けれどそうであっても、それは誰にでも、いつでも起きるのではなく、「たまたま」程度の力と頻度で起きる可能性が高い。もし微弱なこの力を最大限に発揮させる脳へのアプローチが発見されたら、大きく変わる可能性はあるかもしれない。まあ、そんな感じでしょうか。

ちなみに色がどれほどの影響を与えるのか、イギリスの心理学者ニコラス・ハンフリーのおもしろい実験をひとつご紹介します。

まず、サルに赤が映ったスクリーンと青が映ったスクリーンを見せるんです。彼らは圧倒的に青のほうを好んで見るのだそう。ああ、やっぱり青という色のせいで、そこを見つめるんだなと思いきや、そのスクリーンにおもしろい何かが映ったとたん、赤とか青とか、まったくおかまいなし。彼らは「おもしろいもの」が映っているほうを見るわけです。感覚的には赤より青の感覚が好きでも、外部の影響を受けるとその「感覚」は一瞬にして失われるのだそうです。

色と心の関係は心理学としておもしろいからこそ、あいまいな個人の主観だけで発信したり、客観性を持たずに広めちゃマズイなあと個人的には思いますが、信じたいときに信じるっていうのも、ひとつの手ですからね。あれ、それは占いの話でしたっけ。まあ色は色々と言いますから。

さて、こんな色彩心理のほかに、「色彩学」という分野もあります。色を理解するためには基本的な情報も必要なので、次のページでほんのちょっとだけ触れておきますね。

色相環

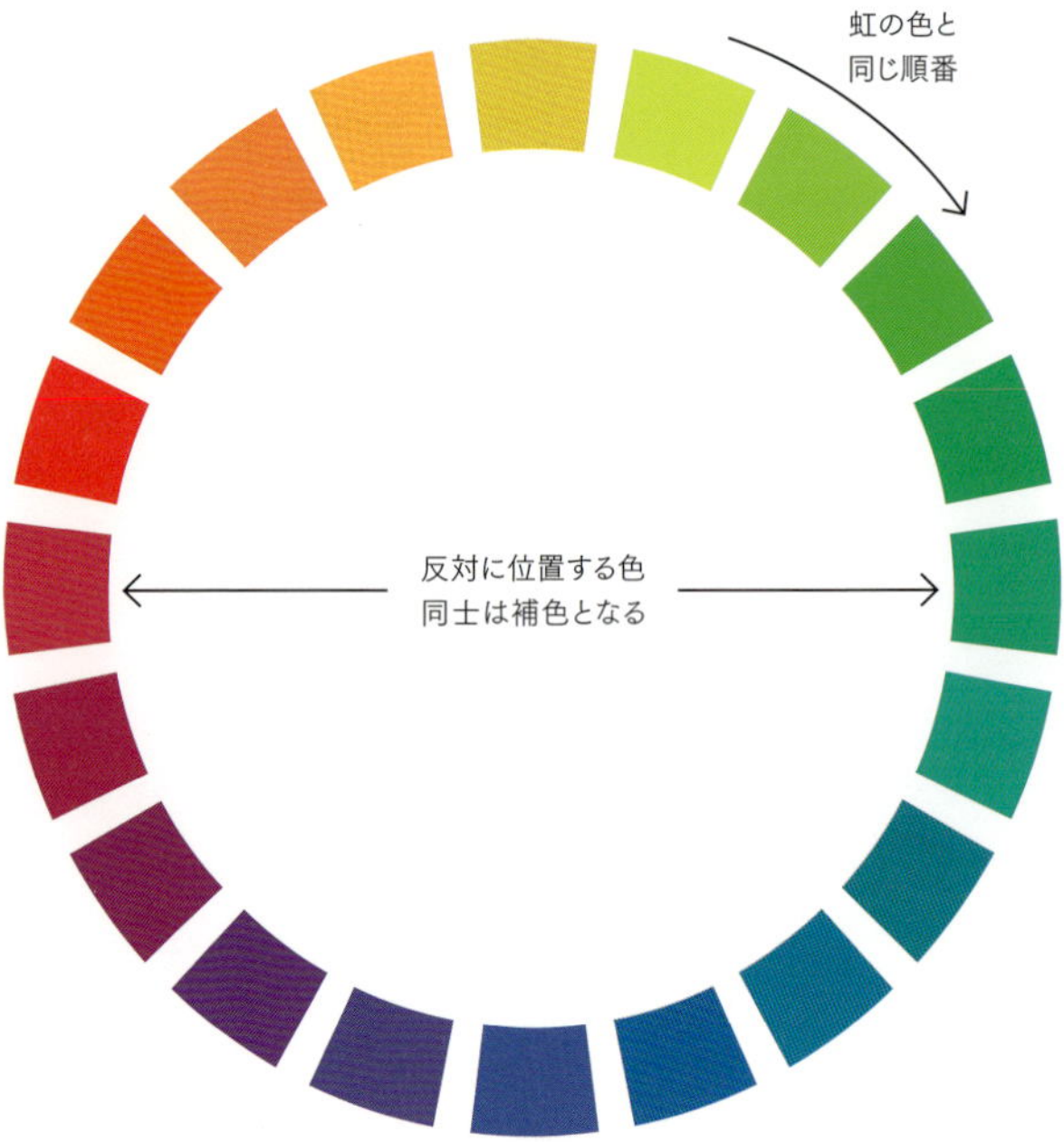

色は「３属性」という色の性質でとらえるとわかりやすい。３属性とは「色相」、「明度」、「彩度」のこと。色相とは赤、橙、黄、緑などの色みのことで、上の図は「マンセル表色系」と呼ばれる、すべての色を体系的に構造化したもの。そのなかで色を虹のように並べて輪にした「色相環」である。色相環にすると色と色の関係がわかりやすくなる。近い色同士は似た色。向かい合った色同士は反対の性質を持つ「補色」と呼ばれる。

資料提供・日本色研事業株式会社

明度と彩度

上の図は「明度」と「彩度」の様子を見せたもの。
明度は色の明るさの度合いのことで、明度が高いと明るくなり白に近づき、低いと暗くなり黒に近づいていく。また最も明度が高いのが白、低いのが黒である。
彩度は色みの鮮やかさの度合いのことで、彩度が高いと強い色に、低いと濁った色として色みが弱く感じられる。

電磁波のなかの可視光線のライン

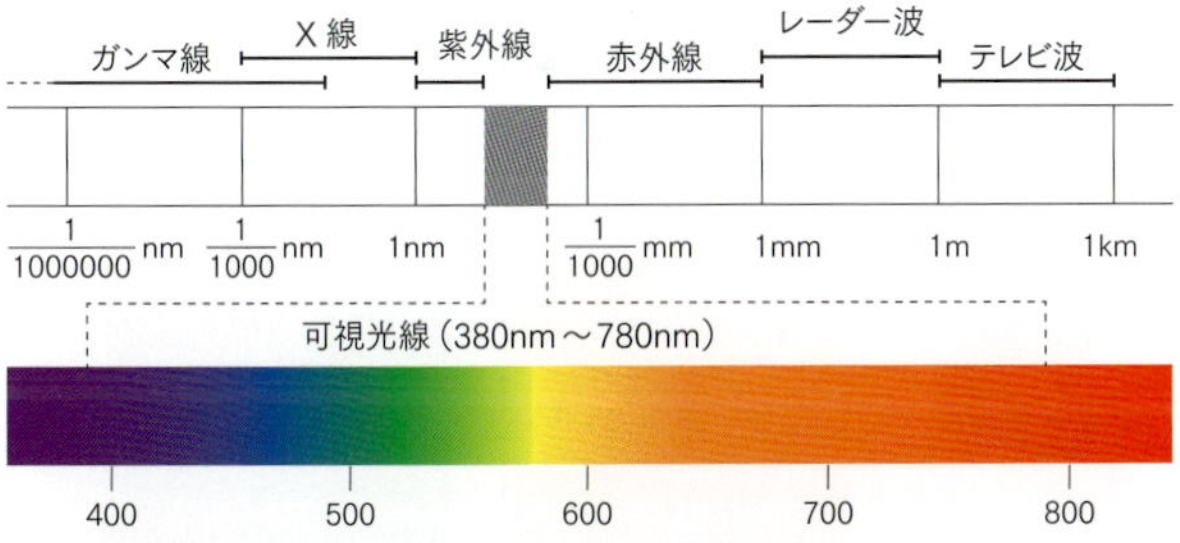

白い光には人間が色として感じられるすべてが入っている。光は電磁波と呼ばれる放射エネルギーのひとつで、電磁波は波長の長さによって、テレビ波、赤外線、紫外線、X線などに分かれる。そのなかで「可視光線」と呼ばれる領域が、人間に色を感じさせている。赤外線や紫外線は可視光線の領域外なので、存在していても見ることはできない。
色の違いは波長の長さの違いで、長いほうから赤、橙、黄、緑、青、藍、青紫と並んでいる。これらの波長がそろっていると、人間には透明な光と感じられる。

対比

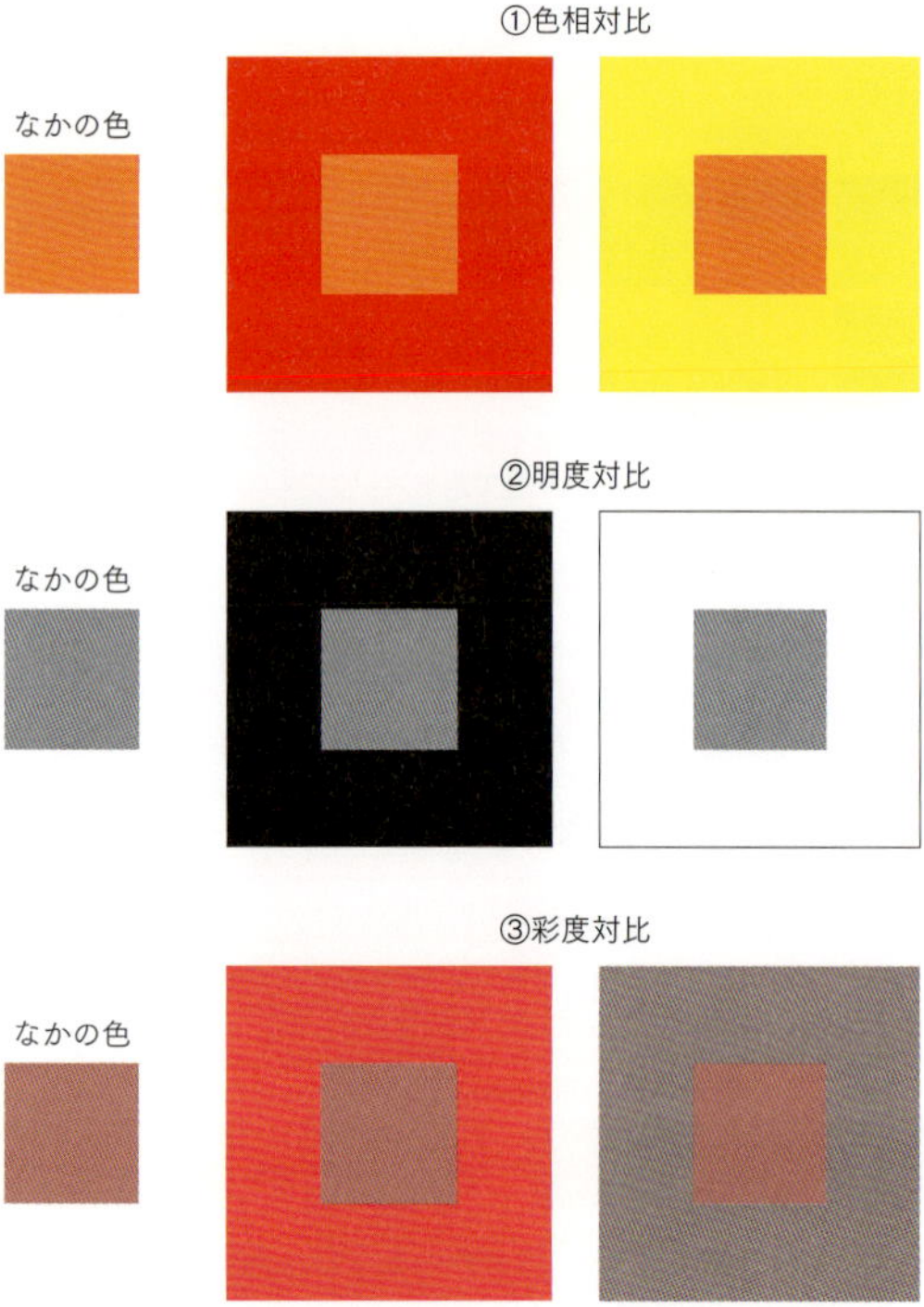

色の対比の図。背景の色の影響を受け、なかの四角の色は同じなのに左右で違って見える。①なかの四角は左は黄みが、右は赤みが強く見える。②なかの四角は左が明るく、右が暗く見える。③なかの四角は左がくすんで、右は鮮やかに見える。

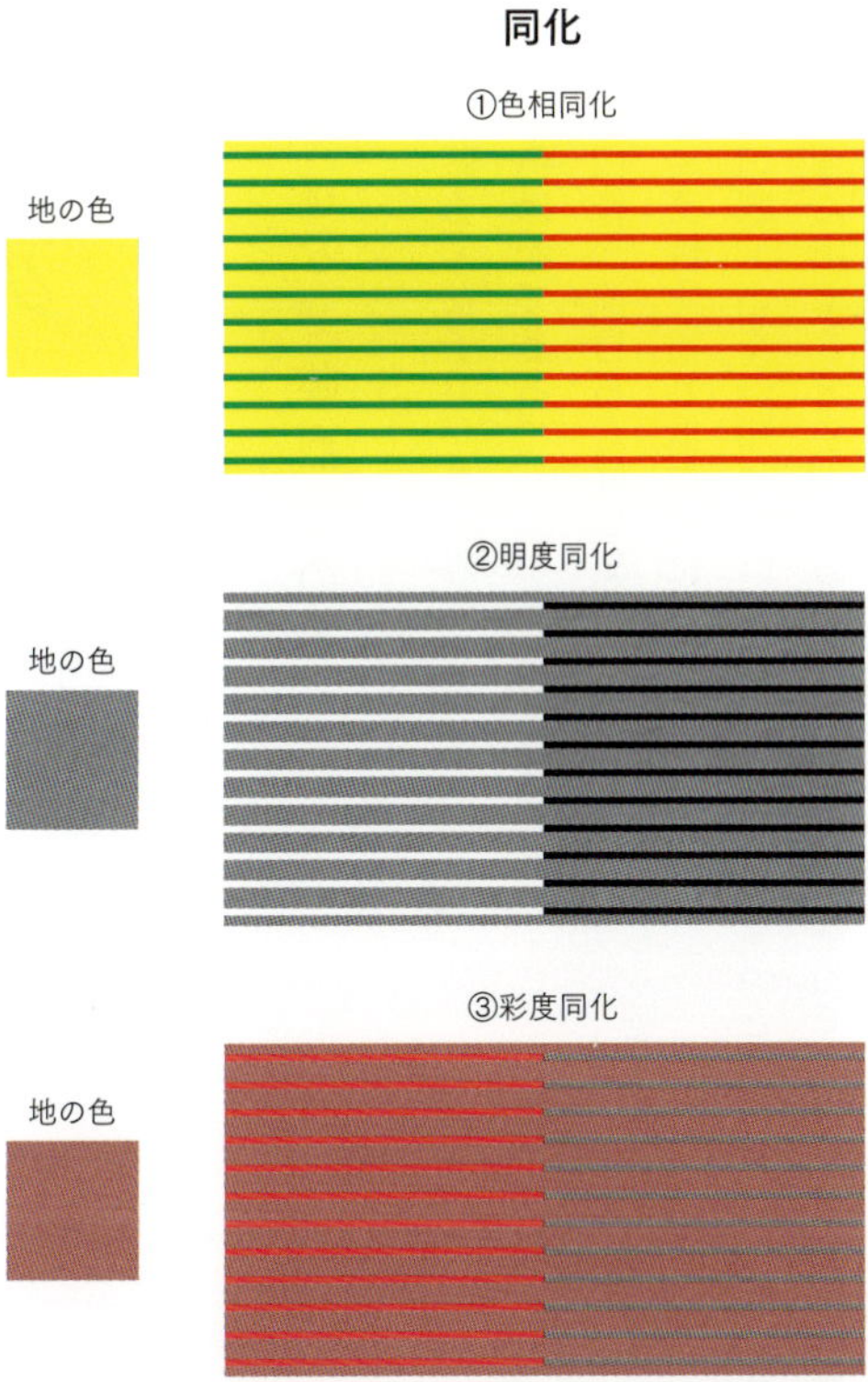

色の同化の図。同じ地の色も上にのせた横縞の色の影響を受け、その色に近づいて見える。①横縞が緑なので左の地の黄色は緑に、右は赤の横縞の色に近づく。②左の横縞は白なので地の灰色は明るく、右は黒なので暗く見える。③左の横縞は鮮やか、右はくすんでいるので、地の色もそれに近づいて見える。

第1章　赤

1　赤はなぜ強烈なのか？

「赤を着ると女子力があがる」
「モテ色は赤である」
「赤い口紅が流行《はや》ると好景気になる」
「赤は冷え性を治し低血圧に効く」

赤の話題、いくつ知っていましたか？　ちょっと調べただけでも赤にまつわる話がたくさん出てきます。この話のいくつかは本当で、いくつかは偽物かもしれません。でもこうした赤の効果はどれも何となく本当のように思えてくるものですよね。

私たちのまわりを見渡すと、赤はそこいらじゅうに登場します。止まれの信号や注意をひく標識、蛇口《じゃぐち》のお湯を示すマークにファストフード店の赤。こうした赤は目立つ色として、また熱さにつながる色、食につながる色として使われていますね。
そんな赤のイメージで共通するのが「強いエネルギー」を感じさせるところ。愛、怒り、情熱、興奮、危険、勇気、血、太陽、熱さ。思い浮かべるものはホンワカしたものというより「強さ」があります。強いエネルギーと人間の感情が結びついて、人それぞれに連想しているのです。この「強さ」が色の濃さのせいかというと、濃くても青や緑にはない感覚だし、近い色のオレンジや黄色とも違います。ほかの色にはない強烈さを、私たちは赤から感じています。

さらに人体に赤い光をあてると血圧が上昇し、まばたきの回数や脈拍、呼吸、心拍数が高まるといわれていて、これもほかの色には見られない反応。いったい赤って何者？　不思議です。そんな赤を人類の歴史からちょっと考えてみましょうか。

©イメージナビ/amanaimages

まず古代文明で見られる赤は、呪術に使われた赤です。赤に直結する体験は、血液や炎、日本では太陽など、どれも人間になくてはならない命を支えているものでした。特に血液。知識がない古代人でも、この赤いものが生死に関わっていることを視覚的に理解できたはずで、ヒトや獲物の出産や死を見て、赤こそ最大級の霊力を持つと思ったに違いありません。

だから世界中の古代文明には必ず赤を使う呪術があります。多くは狩りや戦争、長寿や権力にまつわるもの。血への畏怖《いふ》と畏敬の念が、血や赤という色を使わせ、同時に「血液＝赤」という霊力の頂点を、強烈に意識したと思います。

また野山を焼き尽くし、暖を与える炎の赤。さらに昼の明るい時間を作り、暖かさと恵みをもたらす（ときに大地を枯渇《こかつ》させる恐ろしい力の）頭上の存在、太陽もまた赤になります。「昇る瞬間だけ神」として崇《あが》められ、昼間の透明な光になると、当たり前のものとして神格化はされない原始文化もあり、太陽の出現と消滅（朝日と夕日）という死と再生の瞬間にだけ登場する「赤」にも力を感じたでしょう。そんな炎や太陽を崇める古代文明も世界中にありました。

これらの体験は、人々に「赤こそ最強の霊力を持つ」ということを確信させ、人間の文化に根付き、その後のイメージを作っていったと考えられるのです。

その意味で「色に力がある」という発想は、「赤が基本」といっても、過言ではありません。でも血液も炎も太陽も、人間によき力を与える「霊力」と同時に、命を奪い、焼き尽くし乾燥させる恐ろしい「魔力」も持っていました。

このポジティブさとネガティブさの二面性が、「強い愛」と「強い怒り」のように相反する連想に。たとえばキリスト教では「神の愛」を象徴する赤があり、同時に「地獄の炎」を意味する赤があるといった具合。つまり本来、赤が持つイメージは「強烈さ」であり、これが何と結びつくかによって、その姿を変えるといえるでしょうね。

2　祖先は赤と一緒に

「でもそれだけじゃ人間のからだにまで影響を及ぼせるのか、ちょっと疑問だな」

そうですよね。ならば次は時代をさらに遡《さかのぼ》り、文明以前、原始の時代を考えてみましょう。

人類がやっと樹上から地上に降りて生活を始めたころ。現在の私たちと同じような視覚を得た彼らは、生き延びるための肉食を始め、哺乳類を狩るようになります。大事な食料、その栄養源を象徴する色は、血の赤でした。

例えば狩りの最中。もし投げた石が獲物に当たったとしたら、その血痕を素早く見つけていち早く後を追えるかどうか。この赤の情報にしっかり反応できた者が、食料を手にできました。

反対に、自分たちの住処に戻ったとき。飛び散った仲間の血痕という異変があったとしたら、いち早くこの赤に気付いて逃げ出せるかどうか。樹上より多くの肉食獣がいる地上で、その気配に即座に反応できた者だけが生き延びたのです。

そんな常に緊迫した状況下では、赤を見てボォーッとしてちゃダメなんです。この色を見たら即座に追う、逃げる。赤が引き起こす何かを予感し、彼らのからだは興奮と緊張で激しく脈打ち、呼吸が荒くなって筋肉が収縮していたでしょう。この状態は即座に動けるよう、準備した肉体。おや、もしやこれは赤い光に反応する肉体と同じでは？

1951年にロシアの科学者S・V・クラコブは、赤が交感神経を、青が副交感神経を刺激すると発表。これを受けてロバート・ジェラードが心理学の博士論文で、赤や青などの色を見ると、自律神経系の機能や皮膚の活動、主観的感覚に変化が生じることを確かめたと報告しました。

この交感神経とは自律神経のひとつ。緊張などによって活性化するといわれ、「闘争と逃走の神経」と呼ばれています。進化はとても合理的ですから、私たちの肉体が赤に反応するよう設計図に書き込まれているならば、そのほうが、生存しやすかったと考えられるでしょう。

アルタミラの洞窟壁画　©Bridgeman Images/amanaimages

さらに私たちの眼の機能も、同様に考えることができます。実は私たちはほかの色より赤を見つけやすいよう、進化してきているんですよ。「進出色」という言葉をご存じでしょうか。同じ距離に色を並べても、色によって感じる距離感が違う現象。前に出て見える色が進出色で、後ろに引いて見える色が後退色です。そして進出色の代表が、そう「赤」なんですね。

よく色彩学の授業で、赤がそうした「性質を持っている」と教えられますが、ちょっとニュアンスが違います。もともと赤にその性質が「あった」のではなくて、赤が特別前に出て見えるように、「ヒトの眼が進化してきた」わけです。

そんな赤の反応は、血液にまつわる様々な「事件」や火事などの一大事が「赤」の体験だったことに影響されたと考えます。赤がひたすら強烈なエネルギーのイメージで固められているのも、そうした人類と赤の歴史があるのです。

そんな「赤の体験」は相当に緊迫したものだったろうと、想像させる報告をご紹介しましょう。「赤」が導火線となって、人間が「火事場の馬鹿力」を発揮することを検証した実験です。

アメリカのロチェスター大学では、赤とほかの色を見たあとの作業速度の差や握力など力の強さの差を調べました。その結果、どの実験でも赤のほうが早い速度と力を出せることがわかったのです。

日本でも関連する実験はよく行われていて、例えば色を変えた光を当て、敏捷《びんしょう》性の測定や正確さを測る動作テストを行った結果、やはり赤で力が発揮されています。

身体能力だけでなく、カナダのブリティッシュコロンビア大学では、パソコン画面を赤や青にして作業をする実験を行った結果、赤は正確さを求められる細かい作業で（ちなみに青は創造的作業で）高得点をあげました。ただしこの実験の研究者は、赤が現代の社会で注意喚起に使用されているためではないかと言っています。太古の体験から設計図に組み込まれるほどの反応になったのか、それとも社会での経験による反応なのか。なかなか難しいところです。

こうした研究は、実験手続きや再現性などまだまだ検証が必要なことは言うまでもありません。それでも赤を遠くから見つけられるよう眼の機能が進化したのは事実だし、筋肉の緊張の反応などを並べてみると、赤が生存率をあげるために重要だったと考えてもおかしくないと思っています。ほかの色とは異なる意味を、人間は赤に見いだしてきたのではないでしょうか。

3　チンパンジーに赤い口紅はいらない

テレビで自然の生き物の取材番組をやっていると、つい見てしまいます。やっぱり興味深いですからね。本能でメスを呼び寄せるためのすごいダンスをする鳥とか、教えなくてもエサのとり方を知っているヒナとか。

こうした地球上の生き物が持つ本能行動は、遺伝的なプログラム、つまり生まれる前から持っている「生得的」な行動というのが現代生物学の考えです。この本能行動について、進化の過程で登場した「色覚を持つ生き物」を見てみると、必ず色からの情報を本能行動に結びつけ、個体や種の保存、繁栄に最大限に活用し、進化してきたことがわかります。

例えばイトヨという魚。オスは繁殖期になるとお腹の下の部分が赤くなって、巣作りし縄張りを持つのですが、ある実験で、精巧なイトヨの模型を近づけても反応しなかったオスが、魚の腹にあたる下の部分を赤くした単純な形のモノを近づけてみると、何と攻撃してくることがわかりました。イトヨのオスは仲間の魚を「見て」判断していたのではなく、「色の刺激」を受け、繁殖に関わる大事な本能行動にスイッチを入れていたというわけです。

またセグロカモメという鳥。ヒナは親のクチバシをつついてエサをねだり、親もその刺激でエサを吐き出して与えます。そこで親のクチバシや頭などの色や形を変化させる実験をしたところ、ヒナは下クチバシの一か所にある赤い斑点《はんてん》に反応して

©Gakken/amanaimages

©Erlend Haarberg/naturepl.com/amanaimages

いることがわかりました。親のクチバシのこの赤い斑点に反応できないヒナは、エサをもらうことができず、多くは死んでしまうのです。

　こうした本能行動を引き起こすきっかけとなる刺激を「鍵《かぎ》刺激《しげき》」とか「信号刺激」と言います。この刺激はおおむね単純なものですが、1種類ではなく、色のほか形、動きなど視覚への刺激、鳴き声など聴覚、匂いによる嗅覚、触れることによる触覚と、種類も様々、複数が組み合わされて刺激していることも見られます。

　あ〜でもそれ、サカナやトリの話ですよねぇと思ったあなた、哺乳類だって同じなんですよ。人間に最も近いといわれるチンパンジー。発情期になるとメスの生殖器周辺の皮膚は充血して赤く膨れ上がります。オスはその赤い色を見て性行動を開始することがわかっています。これも色による鍵刺激。ほら、同じでしょ。

ところが同じように進化していた人類の祖先。直立歩行を始めると、困ったことにお尻の赤い鍵刺激がよく見えなくなりました。いったいいつが発情期かわからないなんて、それはもう種の維持には大事件。その解決法として、動物行動学者デズモンド・モリスがある説を唱えています。それはだいたい次のようなものです。

人類が直立歩行するとコミュニケーションが対面式になり、鍵刺激のような生殖スイッチの刺激は、からだの正面にある必要が出てきました。だから赤く膨れる下半身のかわりに、成熟すると正面の乳房が膨らんだ状態となり、また「唇」も女性外部生殖器の擬態として発達した、というのです。

確かにチンパンジーの胸は膨れていないし、唇があるのは人間だけ。チンパンジーは唇を作らなくても、より強力で明快な刺激があったということですよね。とりあえずヒトの特殊な生殖の在り方については、学問的に未解決のまま、現状は色々な推論のみの状態です。

ただ人類の鍵刺激が、直立歩行によってからだの正面に来たとしましょう。でも見えるからって、発情期がもっとわかりやすくなってもいいはずじゃありませんか？　胸が真っ赤に腫れるとか、唇が真っ赤に腫れるとかね（いやあ、怖そうですけど)。でもそうはなっていません。わかるようでいて、わからない。

この「隠ぺいされたメスの発情期」という戦略については、進化したヒト独自の集団形成や家族構成、オスとメスの役割(発情期がわからないと、オスはいつもメスのそばにいる必要があり、オスに、自分たちを庇護《ひご》させたり子育てを協力させられるなどの利点がある)に関連するという説があります。進化というのは、相当に戦略的な道を歩んできているんですね。

でもこの進化によって、動物からヒトという妙に知恵を持った生き物になってしまった人類。動物としての肉体に思考する精神という、正反対の能力を生み出し、いつもこの2つの間を葛藤《かっとう》。いや、大変ですよ。何だか考えさせられますね。

ま、それはさておき、古代のメイクで口紅が赤から始まったといわれる説と、鍵刺激の代わりになった唇説はうまくつながって、ちょっとおもしろい。つまり直立歩行が進化を促進させ、文明が誕生。鍵刺激的な要素を、口紅のように色で強める戦略を、女性たちは新たに生み出し浸透させていくわけですから。

古代エジプトをはじめメイクにはたくさんの色が使われましたが、世界中で粘膜の延長の唇をより強調させたい欲求が、無意識のうちに赤の使用を助長させたとしたら。複雑な進化の果ての結論。でもそれに刺激を受ける男性は結構単純なのか？
また唇から悪魔が入り込むと考える文化も多いので、それを防ぐのに霊力ある赤は妥当。一石二鳥でしょう。

さてそんな女性の口紅だけでなく、「異性を惹《ひ》きつける色」、つまり男女にとっての「モテ色」は赤だという説があります。

アメリカのロチェスター大学で、２００８年に男性被験者、２０１０年には女性被験者を対象に、「魅力的に見える色」の実験が行われました。人物の背景や服の色を変えたまったく同じ異性の写真を見せ被験者に回答させる方法で、結果は男女ともに赤が一番魅力的に見えるというものでした。

ただ「魅力的」と和訳されましたが、実は「外見や性的な魅力」だったので、内面、例えば優しさや知性などは関係しないということに。でもそれ、真面目に将来を考えている人にとってはどうなんでしょう。参考になるんでしょうか。

また実験は写真を見ての回答なので、これはグラビアを見る感覚ですね。美しい外見は内面と正比例するという幻想の前提。そんな「現実感」が伴わない感覚と、我が身に引き寄せたリアルな判断とは、違いが生じるのが人間ですからね。お付き合いするかどうかを考えながら見ている相手が赤を着て来たら、女性側は「自己愛強そうなオトコ」、男性からは「ケバそう、遊ぶにはよさそう」という声があがりました。どうもモテ色として赤は上級者向け。使い方が大事といえそうです。

そんなわけで、赤の項の最初の話題、「赤を着ると女子力があがる」、「モテ色は赤である」という話は、異性に対しての魅力度という意味なら、どうも簡単にはいかないようで。まあ「性的」な感覚を刺激する色にはなるかもしれないですけどね。

そういえばこんな実験もありました。2015年のイギリス・ダラム大学の実験報告で、「赤い服の男性は攻撃的、威圧的で支配的、怒って見える」という結果が。アメリカとイギリスのこの差、これ

アルフォンス・ミュシャ《四季ー夏》

はお国柄でしょうか？　いえ、やはり実験結果を鵜呑《うの》みにして利用するのは難しいという証拠。本当のモテ色は、ターゲットを絞り、相手の好みを理解し、その上での色彩戦略が初めて功を奏すということでしょう。え？　誰ですか、おサル時代の単純なシグナルが羨《うらや》ましいなんていうのは。

4　おしゃれ女子はいつの時代にも

「赤い口紅が流行るのは好景気のとき」という話は、誰かが新しい口紅の流行を作りたくて仕掛けた話題のひとつ？　なんてちょっと穿《うが》った見方をしてしまいます。

何しろ赤い口紅が流行していると雑誌が騒いでも、実際に真っ赤な口紅は人気色ではなく「笛吹けど踊らず」。ある転職情報誌の調査では、男女とも口紅の人気色はピンク系。好景気といわれるシーズンでもそれはやっぱり同じ。強烈な色は敬遠されがちなんですね。つまり景気には関係ないのです。

その赤が最近の女性にあまり選択されない理由のひとつに、日本人男性の好みや、日本の社会的環境が影響しているかもしれません。

容姿や肉体は成熟した女性が好まれる欧米に対して、日本は「かわいさ」が好まれる社会。コミック誌に登場する女の子は、あどけない顔で全体のバランスはやや未成熟体形なのに、胸とヒップだけはすごいという「理想の姿」。またアイドルグループのメンバーは、20代でも「少女」と呼びたくなるようなルックスです。

一方アメリカのどのドラマを見ても、10代の主人公たちは大人びて20代に見えます。この様子を比較したらその差は一目瞭然《りょうぜん》。日本で好まれる女性観との違いは、こうやってみるとよくわかります。

そんな日本で、強さと成熟した色気を作る鮮やかな赤い口紅は、若い男性からNGメイクにあげられることも。グラビアでなら赤い口紅のセクシーさがいいのかもしれませんが、目の前に座られたらドギマギしすぎ？　あるいはストレートすぎて不安に感じるとか。ケバいなんてご意見も。

一方それが30代後半以降の男性になると、少数ながらセクシーでいいと赤い口紅の支持者が増える調査結果が。このくらいの年齢になってやっと一部の方々は大人の女性、存在感のある女性もよろしいということでしょうか。多くの男性が求める「（自分を脅かさない）かわいい女性」の理想像が社会に浸透し、女性の価値観にも影響を与えているように見えるのです。

また日本人は男女ともに、自分の意見をはっきり主張することへの警戒心がありますね。最近は特に「妙に目立つこと」への反感が充満しています。だから赤のような強い自己主張の色は使い方が難しくなるといえるでしょう。

この赤い口紅は正装や和装でなら敬遠されません。それは伝統的に日本の口紅は紅花《べにばな》の真っ赤な色が使われてきたからです。そうした場面ではまだ古い文化が残っているのです。だから口の「紅」と呼ばれたのですが、言葉としてはほかの国も似ています。

日本語で口紅を意味するフランス語の「ルージュ」。これは赤や赤みを帯びたことを指す単語で、フランス語の口紅は「ルージュ・ア・レーブル（唇のための赤）」。同じラテン語系のイタリア語も「ロセット」と赤を意味する単語です。

これがゲルマン語系の英語やドイツ語では「リップスティック（口唇の棒・ドイツ語は口唇のピン）」と、ストレートな表現になり色は出てきません。その違いもなかなかおもしろいものです。

そんな赤と関連が深い化粧の世界を見ると、今もシーズンごとに口紅をはじめ、色や新しいメイクが提案されますが、昔の女性も化粧についてはかなり創意工夫をしていました。

江戸時代の日本では町人文化が花開き、美容法・化粧法に関する情報本まで出版されています。特に「紅」の使い方。口紅、頬紅だけでなく、アイシャドウや下地、ネイルにも紅が活躍し、この時代はみんな華やかで女らしい紅が大好きでした。

歌舞伎の女形のメイクを見ると、目元に強い赤がさしてありますね。あれが「目《め》弾《はじ》き」と呼ばれる紅のアイメイクです。また頬紅だけでなく、白粉《おしろい》の下地に紅をぬってほんのり桜色にする方法もありました。あ、今とあまり違わない！　ただ江戸の中ごろになると、遊女たちが頬紅をしなくなったとかで、町娘たちのあいだでも頬紅が廃《すた》れたのだそう。みな流行に敏感だったのです。

また「爪紅《つまべに》」という紅のネイルは、身分の高い女性が爪先に点状に施した化粧法だったのを、これも庶民が真似をし始めたのだそうで、時代は違えど、女性のメイクへの情熱は同じなんですね。

さて江戸時代の女性といえば浮世絵の美女たち。戦後まもなく行方不明となり、2012年に存在が確認された、喜多川歌麿《きたがわうたまろ》の大作《深川の雪》にたくさんの美し

喜多川歌麿《深川の雪》(部分)岡田美術館蔵

玉虫色に輝く紅(伊勢半本店 紅ミュージアム)
©Ryoichi Toyama

い遊女や芸者が描かれていますが、注目したいのはその口元。下唇だけが緑色をした女性です。

これは「笹紅《ささべに》」と呼ばれた当時流行の化粧法で、上質な紅をぬり重ねたときにだけ発色する玉虫色の緑。今でいうパール感とかプルプル感の演出ですね。

実際に本物の紅をぬり重ねてみると、メタリック感ある発色となり、個性的でおしゃれな口元に。でも当時も紅は高級品。上質の紅を何度も重ねぬりするのは贅沢《ぜいたく》すぎてできませんでした。

そこで町娘たちが発明したテクニックが、まず下唇に黒をぬり、その上に紅をぬるというものです。こうすると玉虫色のようなメタリック感は

江戸時代後期の板紅
（伊勢半本店 紅ミュージアム蔵）

懐中袋物。女性が外出の折に、化粧道具一式など手回り品を入れて携帯した。（伊勢半本店 紅ミュージアム蔵）©Ryoichi Toyama

生まれませんが、見ようによっては緑っぽい赤になるという作戦。いや、おみごと！　さすが今も昔もおしゃれ女子の発想は独創的です。

この当時の口紅は、お猪口《ちょこ》や貝殻など小さい入れ物をお店に持っていき、そこに刷毛で紅をぬってもらってお金を払うという買い方でした。それを少しずつ筆で溶いて使っていくのです。

さらに携帯用には「板紅」という、小さな漆の板に紅がぬられたものもありました。現在のリップスティックといえます。それがどんどん装飾的に発展し、かわいい絵柄やデザインが施された工芸品へと進化。花や蝶、果実が描かれ、蒔絵《まきえ》や透かし彫りなどで繊細に作られました。

それは今でも絶対欲しくなるような品々です。名もなき職人さんたちが残した名品が、日本にはたくさんあるのですね。女子が大喜びする品々は、今も昔も変わっていないのです。

5　朱色と古代人の心

「赤」という呼び名以外にも、私たちは日常で赤の色名をいくつも使っています。例えば「朱肉」の「朱色」。「口紅」の「紅色《べにいろ》」。「茜色の約束《あかねいろ》」（いきものがかり）など、歌によく登場する「茜色」。これらは古くからある日本の色の呼び名ですが、こうした名前は、染めたりぬったりするときに使う「着色材料」の名前を、そのまま拝借することが多かったんですよ。

この着色材料は大きく分けると2種類。「顔料」、「染料」と呼ばれています。「朱色」の「朱」は、粒子が大きくて水などに溶けない「顔料」です。溶けないので、それをまとめてくっつける糊《のり》のようなもの（固着剤）が必要で、例えば固着剤のワックスと顔料を練り合わせて棒状にしたのがクレヨンですね。旧石器時代の洞窟壁画では、動物の脂や血液、植物の樹液などを固着剤に、土や鉱物からなる天然の顔料が使われていました。

そして「紅色」の「紅」は「染料」と呼ばれる、粒子が小さく水や油に溶けて布や紙などを染めるもの。日本で染料といったら「藍染め」などが思い浮かぶでしょうか。天然の染料は植物を中心に、虫や貝などからも採取され作られていました。

人類の歴史に古くから存在したこれら着色剤。最初に登場するのは顔料です。

壁画用か身体装飾用か不明なのですが、南アフリカの洞窟で10万年前といわれる人類最古の顔料が発見されました。内側に赤い粉が付着したアワビの貝殻です。周囲には顔料を作る道具も残っていたんですよ。つまりアワビの貝殻をパレット代わりに「赤い顔料」が作られた証拠。これはすごい発見ですよね。現代の人類につながるホモ・サピエンスがアフリカを出発したといわれる時代に、鮮やかな赤の顔料を使い始めた誰かが、もうすでに存在していたのですから。

この初期に使われていた赤は、赤土に含まれた鉄分が生み出す色。鉄クギに出るサビを見たことはありますか。もとはあんな色です。焼くとその赤みがさらに強くなったようで、日本でも「赭《そほ》」(現代ではベンガラ、代赭《たいしゃ》など)と呼ばれる鉄の成分を持つ赤土が、旧石器時代から使われていました。土器によく見られるくすんだ赤から強い黄みの赤まで、古代はこの赭《そほ》が赤の顔料として主流だったようです。

そして縄文時代の後半には硫化水銀から作られる水銀朱（「辰砂《しんしゃ》」、「朱」、「丹」など呼び名が多い）が登場します。この水銀朱もまた暗い色から強く鮮やかな黄みの赤が得られ、赤土とならんで世界中で古くから使われた天然顔料。この赤の顔料は、人類が最初に意味を持って使った色だったと思います。

ヨーロッパやアジアの洞窟壁画の赤、世界中で発見される石器、人骨や埋葬場所などに赤の顔料が残されているのを見るとわかりますが、私たちの祖先は非常に古くからそれぞれの地域で赤にこだわり、赤の顔料となるものを探し出し、使い始めていました。それは赤が持つと信じていた強烈な呪力のため。だから死者の骨や衣服、その埋葬場所や埋葬品を赤くする施朱の風習が、世界中で見られます。死者を守り、死者の蘇りを祈るための赤への信仰が、数万年も前から始まっていたのです。

この呪術信仰を確固たるものにしたのは、偶然にもあの赤土や水銀朱だったと思いますね。だってもし赤にすごい霊力があるとしたら？　現代の栄養ドリンクではありませんが、何か不調なときなどに自分のからだで試したくなると思いませんか。

赤土は「代赭石《たいしゃせき》」という鉱物生薬として、中国は後漢時代の『神農本草経《しんのうほんぞうきょう》』という薬物書に掲載されています。現代の症状ならば冷えやのぼせ、胃の不快感に効果が。試してみて本当に効いたら、やっぱり！　と思ったかもしれませんよ。

そして何といっても水銀朱。エジプトのミイラにも使われた顔料ですが、これがまた防腐剤としての効果が抜群。赤の呪力はある意味イメージですが、死者の守護や復活を祈るつもりで水銀朱を使ってみると、本当に腐敗を防げたわけです。

その証拠は1958年の東京・増上寺徳川将軍霊廟《れいびょう》で発掘調査が行われた歴代の将軍の棺。ここから大量の水銀朱が発見されたという報告書があります。この時代にも朱が使われていたのです。そして記録によると、12代将軍の家慶《いえよし》の遺体は防腐効果により、なんと死亡した直後と変わらないほどの状態で、肌の色まできれいだったというのですから。すごい効力！

また6代家宣《いえのぶ》にいたっては1712年に没しているにもかかわらず、ほぼ完全な姿で発見されたとのこと。246年の歳月ですよ。それが水銀朱の力で守られていたのです。そんな威力があるなんて、今だって驚きの防腐効果。

つまり血液の色としてのイメージだけでなく、こうした実際の赤い顔料に力が備わっていた、その事実が古代人の心に大きく響いたことは、想像に難くないといえます。

伏見稲荷大社の千本鳥居
©FUMIO YOSHIDA/a.collectionRF/amanaimages

この赤の呪術的伝統が日本には古くから、そして現在でも文化として息づいていますね。身近に思い浮かべるとしたら、そう、神社などの鳥居です。

例えば京都の観光地として、外国人観光客に最も人気の高い場所といわれる伏見稲荷大社。敷地内にある建物全体に見られる朱色もそうですが、あの千本鳥居の異次元を感じさせる迫力は、日本人の私たちでも圧倒されます。

神秘的な印象は、やはり朱色のせいもあるのでしょう。多くの神社で朱色は魔力に対抗する色として使われていますが、伏見稲荷大社ではさらに五穀豊穣の神として、その豊穣を表す色と説明しています。

こうした神社の赤が黄みの強い朱色なのは、当時の建物などにぬる顔料が赭《そほ》（ベンガラ）や水銀朱で、ともに黄みがかった赤からの伝統かもしれません。でもこの色は血液の赤というより、太陽の赤といえますね。日本の最高神といわれる天照《あまてらす》大神《おおみかみ》が太陽神であることを考えると、神社の赤はこの朱色じゃなければいけなかった、そんなふうにも感じられる色なのでした。

6 万葉集に登場する枕詞の茜

南アフリカでの発見から、人類最古の顔料が10万年前だとすると、染料はどうでしょうか。

洞窟壁画と違い繊維は分解して残らないのが難点。それでもグルジアの洞窟から3万4000年前という世界最古の亜麻の繊維が発見されています。この繊維はロープや衣服になる糸だったと考えられ、黒や灰色に染められていた形跡もあります。染色に意味があるのかはわかりませんが、古代人が身近なものにも「色をつけたい」という欲求があったとしたら、呪術的な感覚だけではないのかもしれませんね。

染色の始まりは現在のような染色ではなく、土を摺《す》りつけたり、草や花などをそのまま摺りつける「摺り染め」という方法で、色もすぐに褪《あ》せてしまいました。

染色は染料となる材料の発見だけでなく、発色や着色の技術的な試行錯誤があり、古代はエジプトをはじめ中近東やアジアで染色技術が特に発達したようです。一般的に人類最古の染料のひとつといわれるのは、やはり赤。その染料は紅花や茜といった植物が古くから使われました。

赤の代表染料のひとつ、茜。アジアでは日本をはじめ、中国や朝鮮半島などに自生する赤い根の植物。赤＋根で「アカネ（茜）」になったともいわれますが、黄みが強く美しい赤は、この根から抽出して作られました。

研究者の間では、この染色技法が古墳時代に渡来したという説、縄文時代から日本独自に発達したとする説など、意見が分かれるところです。でも日本人には身近で愛されていた色。『万葉集』では13首に登場します。

学生のときに必ず習うあの歌。「あかねさす 紫野行き 標野《しめの》行き 野守は見ずや 君が袖振る（紫草茂る野を歩くあなた、野の番人に見られているに違いないわよ。そんなに私に手を振ってるんだもの）」の額田王《ぬかたのおおきみ》の歌が有名ですね。

「あかねさす 昼は物思《ものも》ひ ぬばたまの 夜はすがらに 音《ね》のみし泣かゆ（昼はあなたを思い忍んで、夜はあなたを思い、声をあげてずっと泣いているんだ）」。泣いているのは、流人の身となり愛しい女性を偲《しの》ぶ中臣宅守《なかとみのやかもり》ですが、この「あかねさす」は、朝日に染まる空が茜色のように美しく光り輝くことから「日、昼、紫、君」などの枕詞《まくらことば》となりました。

ここでは「昼」にかけたり、また美しく照り輝くことを示すので、美しい「紫」や相手を褒《ほ》めたたえる意を込めて「君」の枕詞にもなったわけです。

この茜は漢方薬としても知られ、止血、活血などに効果があって、女性の月経不順の諸症状にも用いられました。不思議ですが、ここでも赤の染料が血液に関係する症状に、本当に効果を持ったわけです。

それにしても太古では食べられるもの、食べられないものは、誰かが試して成功したり犠牲になったり。それで広がっていきますが、薬などない時代に、まず植物は食料として、次第に病気やケガへの対処法として使われたと思います。身近に置いてあれば、同時進行でその植物が持つ染料としての役割も発見できたはず。

何となく調子が改善された薬効体験と、何かの拍子に発色した色の体験。そして「血液の赤」など先行して存在していた色のイメージ。それらが結びつき、古代人が感じた「色の象徴性」が強められていき、現代の私たちが抱く赤をはじめとした色へのイメージにも直接的、間接的につながっているのです。

この茜の止血効果も、緊迫した状況の古代の誰かが、「血と同じ色のこれが血を止めてくれるかも」と、かすかな希望を抱いて試してみたのかも。誰も検証できませんけどね。

7 赤という色名は古代日本人の感覚を表す

色名の基本となる「赤」。この名前はどこから来たのでしょう。

古代日本で、染料、顔料からの色名をのぞいて残るのは、「赤、白、青、黒」の4色だけ。これが日本で色を表す言葉として使われた基本の色名です。そしてこれら色名はもともと色の名前ではなく、私たちが光を見て感じる世界を意味した

「明」、「顕」、「漠」、「暗」が語源だという説が一般的です。

「明」はアカ。後から詳しくふれますが、太陽が昇って明るくなった様子の言葉で、これが赤の語源といわれます。

「顕」は日中のよくものが見えている状態、光にあふれている様子。「著しい」という言葉がありますが、これも古代は「いちしるし」といわれており、この「しるし」は「はっきりしている」ことを表した言葉。「しるし」がシロになったといわれます。

そして夕暮れになると周囲が薄暗く「はっきりしない」世界になって、すべては「漠」とした見え方です。青は色として、緑や灰色、黒、時には白の代わりにも使われ、色としてはっきり特定できない「漠然」とした色。そこから「漠」なのかもしれませんが、よくわかってはいません。言葉としては空のような色で「空を仰ぐ」というこの仰ぐから生まれたという説や、藍染の染料、藍から変化したという説など諸説あります。

最後に日が暮れて光がなくなった状態の「暗」。「暗い」や「暮れる」がクロという言葉になったという説がよくあげられていますが、語源については研究者によって異なる説が唱えられています。

さて赤の「明」でいえば、『万葉集』では「明星《あかぼし》の明《あ》くる朝《あした》」という歌や、その後の古典『大和物語《やまと》』でも「月もいと限りなく明《あか》くて」と、色ではなく光の明るさを表す言葉でした。時代が下った『拾遺集』に登場する「白妙《しろたえ》の白き月をも紅の色をもなどかあかしといふらむ」という歌でもわかるように、「明かし」という明るさの意味と、色の「赤し」とがかけられていますね。また鎌倉時代になってもこんな和歌が。

「あかあかや　あかあかあかや　あかあかや　あかあかあかや　あかあかや月」

これは個性的な人生と強い信念で有名な僧、「月の歌人」とも呼ばれる明恵《みようえ》が詠んだものです。「明るいなあ、ああ本当に明るいなあ、もう明るくて明るくて、明るさに満ちあふれた月だよなあ」。澄んだ月への感嘆、どう表現しても足りない明るさを歌っていますが（仏教的な深い意味を歌ったという説もあります）、色の「赤」ではありませんね。

本来日本人にとって「アカ」は光の明るさ。現在の私たちの感覚からすると、白や黄色に結びつけられてもおかしくない感覚でした。でも古代日本は言葉はあっても文字がなかった国。そのため大陸から来た漢字と、やまとことばが混成され、「アカ」は明るさと、中国で神聖視された色（赤）、この両方の意味を持たされたともいわれます。

やがて時間とともに「アカ」といったら明るさより色をさすほうが日常的になっていきました。日が昇り明るくなるとき、赤い朝日を体験したでしょうから、明るさと色が一緒になるのは自然なことだったかもしれません。

ここで「あ、だから？」と思った人もいますよね。そう、子どもが太陽を描くと世界的には黄色がほとんどなのに、日本の子どもだけ赤い太陽を描きます。もちろん日の丸の影響でしょう。でもその太陽を表した日の丸の原型、「太陽は赤い」という感覚は、この「太陽はアカし（明し）」がもとにあるからといってもいいと思います。

つまり最初から太陽の色が赤だったのではなく、

明るい太陽がはじまりで、ここはほかの国と同様。でもそこから日本では「明」が「色」とミックスされて、太陽の色が赤に定着していった、そう考えてもいいと個人的には思いますね。

そうなると、あの枕詞「あかねさす」。現代の一般的な説明は「朝日が昇った空が茜色に染まり、美しく照り映える」というものですが、実は「あかねさす」は、夜や暗さを表す枕詞の「ぬばたまの」としばしば対になります。そして『万葉集』時代の「アカ」は「明」の意味が強い。だから「日、昼」の枕詞になり、さらに「ぬばたま」と対になって、空の色のイメージは、後から加わった。そう考えるほうが自然だと思いますけど。どうでしょうね。

ところで英語のredをはじめ、ヨーロッパ圏の赤を表す言葉はみな血液を意味する印欧祖語が語源といわれています。これを見ると、やはり動物を狩ることが重要で、その血に大きな意味を持った狩猟民族と、農耕民族として季節や天候を決める太陽の存在に大きな意味を持っていた、太陽信仰の日本との違いを感じるのです。

太陽が「透明な光」の白や黄色につながってもおかしくないのに、その色にはつながらず、「強烈な呪力を持つ赤」に重なったこの感覚こそ、日本人の感受性、原風景ではないでしょうか。だって見上げた空が広く赤く染まっていく様子は、神聖で偉大な力と思わずにはいられないじゃないですか。人間に流れる血の赤が、空をも染める光景を見ていた私たちの先祖。それはすごく怖いというか不思議というか、美しいというか、とにかく胸に迫るような体験を重ねていたでしょうね。

さて、赤のそんな体験的感覚は言葉にも生きています。例えば「赤の他人」で赤が使われるのは、あの太陽が昇った状態ですから、はっきりしていること。赤は「明らか」という意味を持たされ「他人であることがはっきりしている、明らかな人」となるわけです。

「赤裸々」や「真っ赤なウソ」もこの「明らか」と同じ。それと似たような「まったく」とか、「すっかり」という状態を表現している赤。こうしたものは「混じりけのない」様子にもつながっていきます。

また普通に考えると不思議な「赤ちゃん」という言葉。赤の「はっきりした」、「明らか」な様子は、ほかのものが入り込む余地がないような状態ゆえに、「純粋さ」にまで意味が広がることも。生まれたばかりの乳児は「純粋な存在」なので、それでこの呼び方になったとの説。ほかにも「赤」がエネルギーそのものを表す色なので、誕生したばかりの子どもはエネルギーの塊だから「赤ちゃん」になったという説、生まれた瞬間の赤ちゃんは、本当に肌が赤みをおびているからという説など、諸説あります。でも昔の出産状況を考えたら、まさに「赤」から生まれてきた存在という印象だったんじゃないでしょうか。真実はわかっていません。

「赤」という色名の歴史を考えてみると、人類が恐れた「闇」を破る力が「アカ」という感覚にあったということ。その力は光であり、この最強の力に値する色、それが赤だったのではないか。そんなふうに感じるのです。

8　紅と末摘花

赤の代表的な天然染料で口紅になった「紅《べに》」。エジプトや西アジア原産といわれるキク科の植物「紅花《べにばな》」の、オレンジ色に見える花びらから、赤と黄の色素を分離して得られる鮮やかな色です。身近な「紅花オイル（サフラワーオイル）」も実は同じ紅花。

美しい赤を発色させるには、何度も水洗いをしたり発酵させたり、たくさんの工程があり高い技術が必要でした。4000～5000年前の古代エジプトでは紅花で染めたミイラの布が発見されているので、当時この国には高度な技術があった証拠です。

　またこの紅は防虫・防腐薬になったと考えられていて、水銀朱や紅など、とにかく死者は赤で守らないといけないという思想に、ますます拍車がかかったでしょう。

ただ本当は紅花に含まれる黄色の色素のほうに、防虫・防腐効果があります。もし効果を実感していたなら、実際には赤ではなく、精製しきれなかった黄色の色素のせいだったかも。これは知らないほうが、彼らにとってはよかったですよね。

　さてシルクロードを通って紅花は中国に入り、その後中国から日本へ。漢方薬や染料として入ってきたのは2～3世紀とも5世紀ともいわれています。ベニを「紅《くれない》」とも読むのは「呉の国（中国）から来た藍」ということから。当時は染料の総称が「藍」だったので、呉の藍、「クレナイ」という呼びかたになったわけです。

ほかにも紅には「末摘花《すえつむはな》」という呼び方があります。そう聞いて思い出しませんか。あの『源氏物語』。美しい光源氏と儚《はかな》くも麗しい姫君たちのお話のなかに唯一、容姿、センスともに、醜く野暮《やぼ》ったく気が利かずと、最悪な描写をされるお姫さまのあだ名です。

彼女は貧しい没落貴族だったのですが、作者、紫式部が描く姫君についての描写がすごい。座高が高く胴長、象のようにあきれるほど高く長い鼻が垂れ下がり、その先がちょっと赤らんでいる、服の趣味も異様、教養も古くてちゃんとしていない。すべてが醜いあまり、光源氏も仰天《ぎょうてん》した、と。しかし当時これは笑える挿入話といわれており、現代でいえばお笑いの「ツッコミ」と似た感じかもしれません。でも正直ちょっとキツイですね。とにかくここでは鼻先の赤がポイント。

辞書によると紅花は「花が茎の末（先）のほうから咲きはじめ、それを先から（染料にするため）順番に摘み取っていく」また「花びらの根元は黄色で先端が赤い」ので「末摘花」。「花先（末）」は「鼻先」にかけられているのです。

光源氏は「なつかしき 色ともなしに何にこの 末摘花を 袖に触れけむ（それほど

心惹かれたわけじゃないのに、何であんな末摘花のように鼻先が赤い女を相手にしちゃったんだろうな)」と詠んでいます。とはいえ、その様子があまりに気の毒なので少しだけお通いに。最後は姫君が貧困生活のなか、彼が再び訪れることを信じて一途に待っていたと知り、引き取って最後まで面倒を見るというお話になっています。

道化としての役割を担った末摘花の姫君。流行の薄紅色の着物を着ていながら「我慢できないほどの」古さと「あきれるほどの」センスと紫式部は表していますが、センスや機知の無さが当時は致命傷であったこと、没落貴族の立場などが透けて見える気がします。

あの光源氏が描かれた平安時代には、鮮やかな濃い色が愛され、その色をさらに濃く染めようと貴族たちが必死になり、競い合って染めさせたあまり、濃さを通り越し黒のような色になって、とうとう宮廷は黒ずくめの人であふれてしまった、なんて笑い話のような状況も起きたそうですよ。だから今の日本で人気のピンク色も、当時は赤の代用品、赤の一部でした。

それもそのはずで、紅色を美しく染めようとしたら、紅花の小さな花びらを1kg集めて、染料になるのはせいぜい3〜5gだけ。絹一疋《いっぴき》(2反《たん》分)を染めようとしたら1回に12kgも必要。さらに赤く染めるには6回から12回も染めを繰り返したといいます。いかに美しい赤を作ることが大変だったか。

このため平安時代に赤は禁色《きんじき》（高位の人間しか使用が許されていない色）でした。でも高価で美しい色に人々が憧れるので、厳しく取り締まってもどうせ禁を犯すだろうと「聴《ゆる》し色」として「一斤染《いっこんぞめ》」という淡いピンク色が例外的に認められたのです。

その色は紅花600g（一斤）で絹一疋を染めた色というのですから、本当に淡いピンクだったことがわかりますね。そこまでしても赤に近い色が欲しかった時代。男性は濃い色が権力の象徴なので好みましたが、若い女性は「色」に憧れ「聴色」でも人気があったようです。

紫式部の父は学者で彼女も当時の女性には縁がない漢文を読みこなす才女。さらにこの時代、女性に求められる美意識と常識は「着こなしのルール」を知り尽くし駆使すること。機知なし、センスなしの女性が許せなかったのでしょうか。それともこの時代の女性という立場に感じる苛立ちが、末摘花の姫君への苛立ちにつながったのか。または笑いに隠して、女性の立場の苦しさを表したかったのか。まあ本当の気持ちはわかりませんが、紅と末摘花のことを考えると、いつも徹底した美意識を持つ才女、紫式部を思い出してしまうんですよね。

さてそんな紅花も、古くから生薬《しょうやく》として使われていました。1世紀ごろの資料によると、古代ローマでは種から抽出したオイルを緩下剤にしたり、インドではリウマチや虫刺されの薬、また花を煎《せん》じて子どもの麻疹《はしか》や皮膚炎の薬として使ったようです。

日本でも漢方薬として、血液の流れをよくし浄血作用があるといわれ、月経不順や月経痛、冷え性、更年期障害といった女性特有の症状をはじめ、高血圧、動脈硬化、肌荒れ、さらには打撲や外傷にまで使われたといわれます。つまりこの章の最初

紅梅：表-紅梅（紅花）裏-蘇芳（蘇芳）

桜：表-白（白生絹）裏-赤花（紅花）

若草：表-淡青（蓼藍×黄蘗）
裏-濃青（蓼藍×刈安）

菫：表-紫（紫根）裏-淡紫（紫根）

かさねの色目（春）©吉岡幸雄『日本の色辞典』紫紅社

に書いた「赤は冷え性を治し低血圧に効く」というのは、紅花ならばということです。

また紅で染めた布を巻くとからだが温まると考えられ、女性の長襦袢《ながじゅばん》や腰巻に紅が使われました。時代劇の花魁《おいらん》とかが色っぽく赤い襦袢を身に着けているシーンがありますが、紅の足袋《たび》や子どもの腹巻などもあったんですよ。金太郎の赤い腹巻も、ひとつは子どもを魔から守る効果、そしてもうひとつは大切な子どものお腹を冷やさないようにという親心からです。

実際に保温効果があったのか、それとも赤から生まれるイメージなのか、そのあたりは何とも言い難いのですが、数千年前からの教えには、色々学ぶべきものがありますからね。

9 赤の絵画、赤の画家

西洋絵画では世界をそのまま描く写実から解き放された近代以降、赤が印象的な作品がたくさん登場しています。

たとえば有名なあのムンクの《叫び》。赤くうねる強烈な空の色は、彼が感じた恐怖を私たちに実感させ、その世界に引きずり込もうとします。あるいはモンドリアンの幾何学的な《コンポジション》シリーズ。黒の線で仕切られた枠のなかの赤はクールなのに、色の本質を見せつける力強さがあり圧巻。

クロード・モネ《バラの並木道、ジヴェルニー》
提供：Bridgeman Images/アフロ

　また若い時代と色の趣を異にするモネ最晩年の代表作品のひとつ《バラの小道》。赤など暖色系で燃えるように描かれています。白内障によって失明の危機にさらされた彼に、その影響がどのような形で出ていたのか、真実はモネ本人にしかわかりませんが、離れてこの絵を見ると、驚くような美しい世界が忽然《こつぜん》と現れるのです。モネの描きたいという意志と美へのものすごい気迫が伝わってきます。

これらはどれも赤が生み出す世界。それにもかかわらず、見る者に赤が伝えてくる印象は多様です。共通するのはエネルギーの大きさでしょうか。色によって表される感情やイメージを単純にマニュアル化できないことは、こうした画家たちの様々な赤が伝えてくる表情を見れば、よくわかると思います。

では「赤」と聞いて思い浮かべる有名な画家といったら？　個人的には20世紀ドイツ表現主義といわれるエミール・ノルデ。彼の作品で初めて「強烈な赤の美」を実感しましたが、一般的にはやはり誰もが知る野獣派（フォーヴィスム）のアンリ・マティスでしょうか。

自由な色遣い、強く純粋な色のインパクト、激しいタッチという表現方法からそう呼ばれた「野獣派」。言葉から荒々しく感情的、本能的なイメージがありますが、マティス自身は正反対の人物でした。なにせもとは弁護士をめざして法律を勉強し、法律事務所にも勤めていたまじめな人です。それが21歳のときに虫垂炎をこじらせ長期入院。そのとき手にした絵の具で、絵を描くことの喜びに目覚めたのでした。

この遅いスタートの画家は一生を通じて、午前、午後に分けたスケジュールをきっちり遂行する規則正しい生活を送ったそうで、画家というよりお堅い研究者のよう。実際に彼は感情をそのままぶつけるように描くのではなく、色彩、構成、技法の考察と研究を重ね、実験し、再構築するといった手法で絵画制作を進めていたのです。

アンリ・マティス《食卓－赤のハーモニー》

　たとえばマティスの鮮やかな赤い画面として有名な《食卓－赤のハーモニー》。壁とテーブルが赤で一体化され、赤の効果を存分に発揮した野獣派の名にふさわしい一作です。でもこの作品、最初は青や青緑でぬられていたのを赤にぬりかえたのだそう。熟考に熟考を重ねた結果です。このマティス流のやり方は、どの作品にも共通していました。

マティスは勢いで色に身をゆだねることはせず、心の深いところで起きた感情の波動を現実に引き上げ、知的に秩序立て、均衡ある美に至るまで昇華させなければ満足できず、構成にこだわったのだと思います。そのせいか、表現した色と感情が直結している画家の作品と違い、単純に絵から心理的なものを読み解けない、何かブロックがかかっているような印象を受けるんですよね。

画家としての出発が10代の多感な季節が終わってからと遅く、美術学校受験のために入学した予備校では遠近法すら知らず、デッサンも独学だったのでいつも叱られたり、結局受験も不合格になる彼の人生。自分が常に遅れている、足りていないという思いを抱いていたのかもしれません。もともと勉強好きという性格もあったでしょうが、デッサンや模写を熱心に重ね、多くの画家の作品を徹底的に研究し、貪欲に情報を集め、一生「研究」することで自分の表現を追い求めた人ともいえるのです。

よく芸術家に見られる、絵だけ描いてきた人生、感情の起伏が激しいなどには縁遠く、本人も自分を「知的な画家」と自覚していたとか。そんなマティスは激情家のゴッホやゴーギャンの色彩に触発され影響を受けたというのですから、やはり人は正反対の魅力に惹きつけられるのですね。

そして尊敬する画家セザンヌをも超えて色彩と形を究極まで追い続けますが、人生の後半で彼にしっくりくる色がどちらかといえば青だった様子も、その作品からうかがえます。晩年はガンから車いす生活となり絵筆も持てなくなるのですが、切り絵という新しい世界で創作活動を続けます。描画から自由になり、線からも解放され、色彩とモチーフが凝縮されていくのです。

一般的に赤で表現される作品は、感情と一体化した表現が多いのですが、色彩の魔術師と呼ばれ、赤が代表的な色のようにいわれるマティスが、その赤を冷静に扱っていたというのはとても興味深い話です。そんな彼にとっての赤は、描くこと、表現することを追い求めてやまないマティスの奥底に存在したとてつもなく大きなエネルギーそのもの。決して力任せの表現はされませんでしたが、そのエネルギー、赤が支えになった創作人生だったと思います。

ストレートな表現につながらない、こんな赤もあるのです。

第2章 黄

1 黄色のトリセツ

黄色と聞くと明るく元気なイメージがありますね。それは太陽や輝く光、大輪のヒマワリや身近なタンポポの花、交通安全のランドセルカバーなど、繊細というより生き生きとしたものや単純なものが思い浮かぶから。

また黄色で子どもを連想するのは、ピンクのようなやわらかいかわいらしさではなく、にぎやかで弾けるようなかわいらしさのため。でもそれが度を越すと、うるさい自己主張、落ち着かない幼稚なイメージにも。静ではなく動的で、その明るさから目立つ色の代表となっています。

目立つ黄色は生物界でも「警告色」と呼ばれる色。警告色とは毒性を持つ生き物などが、目立つ色や派手な配色で相手に近づかないよう注意を促すメッセージです。例えば真っ赤な毒キノコや黄色と黒のスズメバチの色などが警告色。パッと目につきますね。こうした色の使い方は人間社会にも応用され、工事現場の黄色と黒の柵なども自然界の警告色と同じ。色の性質が利用されているのです。

この色にはお金や幸運のイメージもあります。黄色が金属になるとゴールドに変化するからです。風水の「金運アップには黄色」という話は有名ですが、黄色から黄金を連想し、財を得るのは幸福につながるという発想も世界共通。

そんな動的な印象、物質的印象が軽薄なイメージを与えやすい反面、光り輝き、生命を育《はぐく》む太陽の神々《こうごう》しさ、永遠性の象徴である黄金。そして光の明るさは希望となり、発展して精神的な幸福というイメージも黄色にはあります。これらは微妙なバランスを保ち、良くも悪くも少しの違いでその印象が一変してしまうのです。

©ZSSD/Minden Pictures/amanaimages

変化しやすい性質は色でも同じこと。黄色は白に次ぐ明るい色ですが、それが濁るといっきに汚らしくなってしまいます。黄色が暗くなった色で不人気の黄土《おうど》色や、「黄ばんだ」という言葉があるように、はっきりしない薄い黄色だと、がっかりされてしまうのです。

色としては西洋より、アジア地域で、長く高貴さの象徴として尊ばれてきました。特に中国では陰陽《いんよう》五行説《ごぎょうせつ》（宇宙を構成する万物の在りかたを説く古代思想）で中央の色。ここは皇帝の位置といわれ、黄色は王権のシンボルカラーだったのです。

その由来は、「黄」と「皇」の発音が似ているからという説、五行説で中央は土にあたり皇の発音が土と似ているからといった説。また中国の土の色が黄色で、そこを支配したからなど諸説あります。

でも大地に麦や稲、雑穀など穀物が実ると、黄色が大地を彩ったはず。だからただ土の色が黄色というより、たわわに穀物が実る豊かな大地の色、そこを治める皇帝の色が黄色と考えると、より共感できるように思えます。

そんな黄色を布などに染める染料は、ミカン科のキハダという樹木の皮や、白い花を咲かせるクチナシの実（この実は熟しても割れてはじけないので口《くち》が無い、口無し。だからクチナシと呼ばれるそう）、一見ススキのように見えるカリヤス、カレーやドリンクでお馴染みのウコン、サフランライスの材料でクロッカスとも呼ばれるサフランのメシベなど、ほかにも豊富にあります。

それに比べ壁画や塗り物、絵画の絵の具など顔料となると、初期には世界的に使われた黄土（イエローオーカー）が中心で、明るく澄んだ色は作れませんでした。

やがて鮮やかな黄色の顔料として古代エジプトや日本など、多くの国で使われたのが「雄黄《ゆうおう》」という鉱物です。ところがこれはヒ素を含む毒性が高いものだったのですね。中国で雄黄を仙薬として皇帝が飲んでいたという話もあり、皇帝たちはとにかくサプリメントのように毒性の高い鉱物を摂取していて、知らないとは恐ろしいことだと思います。

そして「絵の具」は今でこそチューブ入りですが、昔は誰もがそれぞれ調合して作っていました。砕いて粉にするので吸い込むことになり、練ることで直接触れるため、人体への影響は大きく、雄黄は肺がんや皮膚がんの原因になっていたといわれます。それを知らずにみな、この美しいレモン色を好み19世紀まで使っていました。

残念ながら黄色の顔料だけでなく、古代から色の材料として使われていたいくつかの鉱物は毒性がとても高く、そのため命を落とす人も。画家は文字通り命をかけて作品を創造していたわけです。

14世紀になると毒性が低い黄色の顔料も登場して、日本でも有名な《真珠の耳飾りの少女》を描いたフェルメールたちも好んで使ってました。それでも光や黄金を感じさせる鮮やかな黄色への人々の欲求は高く、さらにバリエーションが求められ、ヨーロッパでは不道徳にもエジプトのミイラを粉にした顔料まで登場していたという話が。

そんな様子を見ていると黄色は「色として」求められるというより、ヨーロッパでは近世になるまで「黄金や光を表現するため」に必要とされ、イメージから少しでも外れることは許されなかったようにも見えますね。

さて多くの人が「黄色の絵画」といって思い出す《ひまわり》などの作品を生んだヴィンセント・ヴァン・ゴッホ。彼が好んで使っていたクロムイエローも毒性が高く、今でも劇毒性の指定を受けています。2011年には使われたこの絵の具の部分が紫外線との関係で、ベージュや茶色に変色してしまうことも検証されました。

時間の経過とともに色が変色してしまうとは、画家にとっても見る者にとっても、悲劇としか言いようがありません。どの作品にどれほど使われていたのかはわかりませんが、もしゴッホが現在の状態を見たら、本当にショックを受けるでしょう。安全で安定した絵の具がある現在は幸せな時代なのです。

知名度の高いゴッホですが、絵画好きなら「黄色の画家」として、18世紀から19世紀に活躍したイギリスはロマン主義の画家ウィリアム・ターナーを思い浮かべる人も多いはず。同じ黄色なのに、色のニュアンスやタッチはまったく異なります。ゴッホは強烈な黄色で強くエネルギーを感じさせる動的なタッチ。一方のターナーは空気のなかに広がるようなやわらかな黄色で、最終的には輪郭すらなくなります。

この、一見ロマンチックにも見える画家の、現存するパレットには黄系統

ウィリアム・ターナー《光と色彩(ゲーテの理論)》
©AKG / PPS通信社

の色がほとんどを占めていたのだそうです。

ターナーの母親は、彼が29歳のときに精神病療養施設に入院したまま亡くなり、自分も同じなのではないかという恐れでしょうか、生涯その事実が彼を苦しめたといわれます。ゴッホの苦悩とも違い、ターナーの人生に深く刻まれた恐ろしい闇は、境界が崩壊して広がっていく曖昧な色の世界。彼の不安そのもののように見えます。画家が黄色を頻繁に使ったとしても、その色も表現もまったく違うのです。

では少しゴッホと黄色の関係についても考えてみましょう。

病跡学《びょうせきがく》（天才などの作品や生涯を精神医学などから分析し病気の影響と創造性を考える学問）の研究者には、ゴッホが持つてんかんの発作に注目し、てんかんで生じるギラついた黄色の体験が作品に影響したと唱える人もいます。

てんかんや精神の病を発症したといわれるゴッホは、自分の衝動的行動を制御できずにかなり苦しみました。あの有名な耳切り事件もその影響と分析されています。そうした視点から見ると、ゴッホの死の2年前、1888年に描かれた《タラスコン街道を行く画家》はとても興味深いものがあります。

絵はゴッホと思われる青い服の画家がどこかへ行く途中。画家を挟んで描かれた後ろの2本の木の形も気になりますが、何より木の影が描かれていません。画家が歩いているはずの地面は黄色い光が漂う水面のように不安定で、どこに足をつけたらよいのか。この黄色い道の世界と、遠くののどかな黄色の田園風景も分断されています。

画家のからだはこわばり、別の力で動かされる「操り人形」のようだし、さらに足元の影は不自然で、今にも勝手に離れていきそうです。何だか精神と肉体の分離を象徴しているかのようにも見え、絵の前にいるこちら側も落ち着かない気分になります。もちろん本人はそんなつもりで描いてはいないでしょう。でもここに描かれている世界こそ、ゴッホが感じている不安定さそのもののように見えるのです。

この年の12月、耳切り事件を起

ヴィンセント・ヴァン・ゴッホ《タラスコン街道を行く画家》

こし、その後精神病療養施設に入院。2年後にゴッホはピストル自殺をしています。この死については自殺や他殺など色々といわれますが、彼が精神を病み、その病をコントロールするために闘っていたことは事実です。

病気が引き起こす強烈な激昂《げきこう》の体験は、もともと高い理想にしばられ、白か黒かという極端な思考に走りやすいゴッホの感覚に拍車をかけ、強い刺激に親和性を抱かせたのではないでしょうか。そんな彼だからこそ柔らかな光より、強い光や反射される強烈な光に惹《ひ》かれ、黄色はより強烈になったのかもしれません。

そして牧師の家に生まれた彼にとって、光は神そのもの。至福の象徴です。この色に彼がどんなに期待と希望を感じていたことか。黄色が強ければ強いほどゴッホの心は満たされ、この色をどこまでもぬりこめていく彼の姿を想像してしまいます。

病気が体験させる狂気の黄色、理想と希望を象徴する至福の黄色。どちらもゴッホにとってはこれ以上ないほどのリアルな体験でしょう。花や光の黄色を描きながら、刺さるように反射する心の色を見ていたゴッホ。それが彼にとっての黄色に感じてしまうのです。

2 カーキ色って何色？

ミリタリー（軍服風）ファッションというのは、なぜだかある一定の間隔をもって流行しているようですが、このファッション、色の要《かなめ》はカーキ色です。どんな色だと思いますか。くすんだモスグリーンのような色でしょうか。いいえ、多くの人がカーキ色を緑系だと思っていますが、この色の生い立ちを知ると、実は緑が本来のカーキ色ではないことがわかります。ならばちょっと色の歴史をひもといてみましょう。

カーキ色を軍服で初めて使ったのは19世紀のイギリス軍。それ以前のヨーロッパ各国における軍服の歴史は赤や白、青などの派手な色彩で、そのイメージはイギリス・バッキンガム宮殿の近衛兵《このえへい》の赤い制服を思い浮かべればわかると思います。

派手な色が使われたのは、当時の戦いが接近戦だったから。間近の相手を威嚇《いかく》する強そうで立派な軍服の色、また敵味方の識別にはっきりした色がよかったのです。

特に赤は古代ヨーロッパで戦士が敗者の血を浴びたという話や、勝った者が赤い顔料をからだにぬったという話があり、ほかの地域でも戦いの前に赤い羽根でからだを飾る、赤い色を顔にぬるなど、赤と戦いにまつわる話が世界中にあります。戦士の気持ちを鼓舞《こぶ》する色として適していたのでしょうね。でも敵味方を識別するためには赤以外の色や配色の差で対抗する必要もあり、派手色に集中したのだと思われます。

何にしても国を守る軍人は職業として花形。派手な色でカッコいい軍服は国の威厳にもつながるし、女性ウケもしたとか。こうして派手色の風習は長く続いたのですが、「剣」が「銃」に変わったとき接近戦も終わり、軍服の色も次第に変化していくのです。一説には、フランスが第一次世界大戦で大きな被害を被ったのは赤い軍服のズボンに最後までこだわったせいという話も。美意識など通用しない深刻な時代に突入していく証となりました。

さてカーキ色の話にもどると、1846年、イギリス植民地のインドで反乱が起き、現地人部隊がイギリス軍によって結成されました。このとき軍服の色として「カーキ色」を採択したというのです。

カーキ色誕生の俗説では、イギリス軍士官が周囲を見渡し、現地の人間に「この色は何色か」と大地を指して質問。聞かれた側は「これは何だ」が質問と思い、イギリスに土埃はないのかと驚いたかどうかは知りませんが、ウルドゥー語で返答。それが土埃や土色を意味する「カーキ」、この言葉の原語はペルシャ語で「土」を意味するkhak。でもこの色が世界に広まったのは、その後さらに続いた「イギリス」対「植民地」の戦いにあったようです。

インドでは現地人部隊の反乱にあい、暑さから赤い軍服を脱いで入手できた白い服を紅茶やカレー粉で染め、さらに西アフリカでも植民地化の戦いで苦戦し、同じような方法で軍服を染めました。そんな戦闘現場の実情から、イギリスの海外部隊は真っ赤な軍服ではなく、カーキ色へと変更。そののちはカーキ色を戦闘服色として採用し、各国も有効性を認めて研究を始めることに。時代は接近戦の戦いから銃や大砲などの兵器戦に移り、人間は人ではなく的《まと》として認知され、遠くから目立たないよう土地に紛れる色が必要となったのです。真っ赤な軍服から、現地人部隊に着せていた土の色であるカーキ色の制服へ。これこそが近代迷彩色の始まりとして、また戦争の深刻化

©Steve McCurry/Magnum Photos/amanaimages

を予言する象徴的な出来事だったのかもしれません。

さて色の歴史からはっきりしているのは、カーキが植物の色から生まれたのではなく、大地の色である黄色や茶色。その後も紅茶やカレーで染められた色だったこと。だから色彩の辞典では緑ではなく黄色の項目。本当はにごった黄色なんですね。

服飾系の学生ならだいたい必須科目の「色彩学」を勉強するとき、必ず教わる話ですが、多くの学生の記憶には残らず、卒業して仕事を始めると、緑を指して「カーキ色」といい、ファッション誌のライターも緑を見ながら「カーキ色をおしゃれにコーディネート」などと原稿にするので、誰もが緑系の色こそカーキ色だと思うでしょう。そして定着したともいえます。

また派手色の権威にしがみついていた当時のヨーロッパを尻目《しりめ》に、合理的なアメリカはさっさとカーキ色を戦闘服に。イギリスに続いて2番目に導入した国です。英語で「get into khaki」というと「陸軍に入る」という意味なので、英語圏でカーキという言葉は「軍服」の代名詞にもなりました。

その後は世界各国で迷彩色のみならず、戦闘機から地上の兵器を隠すための作戦として迷彩柄の開発が進められ、アメリカもベトナム戦争では特に迷彩柄の研究に邁進《まいしん》します。迷彩柄には緑も多く使われますが、このアメリカ文化を熱心に輸入する日本が、軍服の代名詞のカーキを色名と思って、黄土色と緑を曖昧にして広めた可能性もあり、それもイメージに影響しているかもしれません。だからこの色の歴史を振り返ると、「カーキ色」のもとは黄色系。その色には現代につながる戦いの歴史と世界の在りようが潜んでいるのです。

もっとも何色を何と呼ぼうが日常生活に支障はありません。まあ色彩の検定試験などではしっかり区別されますから、服飾系の学生はちゃんと記憶すること。そんな程度ですかね。

3 黄金のごとき黄色はウコンのチカラ?

すでに国民食として日本でも不動の地位を築いたカレー。体調が悪いからカレーを食べるという人までいますが、美味しいだけでなく、美肌やアンチエイジング、様々な病気にも効果があるといわれ、最近は健康食として注目されていますね。

理由はカレーにたくさんの香辛料が使われているから。味への変化や保存性を高めるためですが、香辛料の用途はもともと漢方などで使われる薬でもあり、また染料としても活躍してきました。だから香辛料の話をするとき、薬や染色の話が出てくるわけです。

カレーで有名な香辛料といったら、まずはウコンでしょうか。黄色の原料ウコンはターメリックと呼ばれ、布や紙などを染める染料にもなるショウガ科の植物。素人が見るとショウガなのかウコンなのかよくわからないものです。

6000年の歴史を持つといわれるインドの伝統医学アーユルベーダでも、胃の薬として、また強壮剤、血液の浄化や皮膚病などに使われてきましたが、豊富に含まれているクルクミンという成分が日本でもおなじみ、肝臓に効くのです。解毒作用、胆汁の分泌促進、肝障害の予防などいいことずくめ。それで二日酔い防止、軽減に役立つことに。

ほかにも鎮痛、抗酸化、殺菌、止血作用、さらに最近では抗腫瘍効果で抗ガン研究に。またアルツハイマー病の予防効果としても期待されています。料理好きならば、卵料理、野菜炒め、肉や魚料理にお菓子となんでもござれ。本当に幅広く使え、健康増進という発想じゃなくてもいいですね。

インド原産といわれるウコンですが、中国でも万能の漢方薬として古い薬学書に登場しています。日本に入ってきた年代は諸説あって、紀元1世紀ごろにはすでに重要な「薬草」として知られていました。とにかく中国同様、日本でも長く万能薬として使われてきたことに間違いはありません。

©Ian Berry/Magnum Photos/amanaimages

食料品売り場に行けばターメリックは簡単に見つけられますが、レモンのような色ではなく、卵の黄身の濃い色です。定食についてくるタクアンやクリの甘露煮など、黄色の食用色素としても使われています。

日本でこうした黄色の色素や染料は古くからたくさんあったのですが、一説ではタクアンなどを漬ける色として使われていたウコンが、室町時代に染料としても注目され、紅の下染などに使われたといわれます。ただ布に染めると退色しやすいという難点もあります。

さて、インドのヒンズー教や東南アジアの仏教で、黄色は聖なる色でした。天然染料しかない時代に人々は、少量しか採れない高価なサフランより、身近なウコンをよく使っていたのです。

インドの街中の神さまの像にも濃い黄色のマリーゴールドの花首飾りがかけられ、赤や黄色の粉を捧げものとする風習がありますが、この黄色い粉もウコンです。ほかにもアフリカの一部の地域、太平洋の島々など、ウコンを神の色、神聖な色、幸福の色としてからだにぬる、布に染めて儀式など大事なときに使う習慣を持った民族もいます。身近なウコンが作る濃い黄色は、神々しさと温もり感を同時に備え、人々から好まれる華やかさを持っているのでしょう。

カレーの話に戻ると、初めてヨーロッパにインドのカレーが紹介されたのは、ポルトガルが西の地を植民地化した時代。かの地にいたポルトガル人医師が1563年に書いた『インド薬草・薬物対話集』でした。やはり料理本ではなかったわけです。日本では明治の初めごろ西洋料理と一緒に紹介されていますが、まさか現在のような国民食になるとは、夢にも思わなかったでしょうね。

そうそう、インドの黄色といえば、20世紀初頭に製造禁止になった顔料「インデイアンイエロー」がありました。ヨーロッパに18世紀ごろ伝わったとされる堅牢《けんろう》な顔料で、製造方法は謎。それが実はマンゴーの葉と水だけをエサにした、牛の尿を乾燥させたものとわかり、栄養が不十分な牛が早死にすることから製造禁止に。今ではそのオレンジ色がかった黄色も名前だけが残り、絵の具などで見ることができます。

それにしてもいったい誰がこんな製造法を探し出したのか。黄色を強く求めるゆえんでしょうが、だめでしょ、聖なる牛を苦しめるなんて。神さまだってガッカリ。製造者は幸福どころか、バチがあたっていたかもしれませんね。

華やかで温かみのある黄色にも、色々な歴史があるものです。

4 真面目に考える「大阪のおばちゃんとヒョウ柄」

ある日、都市伝説「大阪のおばちゃんはなぜヒョウ柄が好きか」というテーマを色彩心理的に考えてほしいと依頼があり、ちょっと真面目に考えてみました。

まずヒョウ柄。いや待ってください。そもそもヒョウ柄とジャガー柄、チーター柄を普通に見分けられる人ってどれほどいるんでしょう。

解説すると、ジャガーは黒い輪模様の中央、暗い黄色の上に黒い点が入っています。チーターは暗い黄色の毛並みの上に、ただの黒丸模様。そしてお目当てのヒョウはジャガーと違って輪の中央に黒い点がない。これが模様です。そのほかライオンなども「ネコ科ヒョウ属」。ヒョウが属名なのは意外ですが、古代から生息する分布地域が広く知られやすかったのです。そのためか、一般的に斑点柄＝ヒョウ柄というイメージだと思います。

古代エジプトでは王や神権の象徴。ギリシア神話では英雄が毛皮を身に着け、初期キリスト教でも、すべての動物から好かれて、よい香りを放つとされています。ヒンドゥー教ではシヴァ神の腰巻の毛皮がトラとヒョウの両方。猛獣ということでどっちでもいいよねというインドの大らかさはとにかく、本来これはトラが主流だそう。そして日本の鬼のパンツはトラ柄が多いので、強さの象徴は大きさからいって、やはりトラが有利か。

また模様もトラ柄は直線的で男性的、ヒョウ柄は曲線と斑《まだら》なので、比較すると女性的な印象になりますね。ヒョウのしなやかさも女性を連想させるようで、西洋の絵画では、ヒョウを女性の象徴的姿としたり、若く美しく攻撃的な女性を中国では「華豹」と表すこともあり、日本の「女豹」的なイメージでしょうか。

名古屋城本丸御殿障壁画の内 竹林豹虎図(復元模写)
名古屋城総合事務所所蔵

こうしてみると古代の毛皮は神や権力者の象徴。猛獣は人を超えた力の表れ。それが現代では高級感、ゴージャス感に変化し、さらにヒョウの姿態やヒョウ柄の曲線は、女性的なイメージに結びつきやすかったのですね。

さて「大阪のおばちゃん」。「派手好き、物言いがストレート、せっかち、明るい、元気」などが一般的にいわれること(もちろん大阪でも個人差があるのは当たり前、みな同じではないですよ)。そして必ず「ヒョウ柄好き」のエピソードが。少し前からヒョウ柄だと個性が出ないのでトラやシマウマなど「猛獣野生柄」も多くなってきているという情報まであり、さすがといいたい。

またある調査で大阪に30年以上住んでいるという人が40%と全国1位になっていることを考えると、大阪に起きる現象は地域性が背景にあるともいえそうです。

では「大阪のおばちゃん」は本当に派手好みなのでしょうか。

関東と関西の色の話で有名なのが「源平合戦」の軍旗の色です。質実剛健の武士集団、源氏の旗が白だったのに対して、貴族文化で雅《みやび》を愛《め》でた平家は赤の旗。源氏は白で神を表し、平家は赤で天皇を表したとの説もありますが、やはり自分たちの「感覚に合った」から採用した色といえます。お金がなかった源氏は簡素に布を「染めない」ことを選んだという説も。

そして現代の運動会や歌合戦などの紅白もこれがルーツといわれる軍旗色の差、この美意識の差が古代の日本にすでにあったことがうかがわれ、そんな考察を後押しするのが、のちの紫色に表れる色の差です。

「京紫《きょうむらさき》」と呼ばれる色は雅な赤みの紫、対して「江戸紫」はクールな青紫。貴族嗜好の流れをくんで西は華やかな文化がずっと息づいているといわれます。そして現代。アパレル業界では同じブランドでも関東と関西は売れ筋の色が昔から違うとされ、関東は紺やグレイッシュカラーを代表とするクール・シック系。関西はワインカラーやゴールドなどを代表とするウォーム・ゴージャス系が好まれ、気温、湿度、日照時間などで太陽光の質が異なるため美しく見える色が違い、それをベースに好みが育まれたという説もあるのです。

ちなみに東京の法事では「白と黒」の水引も、関西では「白と黄色」ですから、やはり色彩文化が少し違うといっていいでしょう。

大阪は華やかさに加え、商人の町でもあり、お金や黄金への興味、さらに黄金を愛し黄金の下駄まではいたという秀吉の影響も一つの文化を作っています。

黄金好みは家臣を含め当時の町人にも広がって、金箔使いは着物にまで反映されました。そう、大阪は特別に黄金や豪華さに染まる歴史的背景もあるのです。

こうした雅を好む貴族文化、華やかさを基盤に、秀吉の金好みや商人の町として豊かに発展していった大阪の歴史は、地域の気質に大きく影響したでしょう。特に江戸時代の大阪は活気にあふれた民間資本主義真っ盛り。お上の顔色をうかがわなくても済む自由な空気は、自己主張や個性に寛容な人々を生み出し、同じ関西でも他とは異なる気質になったと思いますね。

また浪速《なにわ》商いの格言を見ると、お客を喜ばせ自分も喜ぶというサービス精神。これも現在のお笑い文化につながっていますよね。元気で明るく自己主張ＯＫ！　豪華な派手好き。おや、これ全部ヒョウ柄を着ている大阪のおばちゃんにイメージがつながってしまいますね。いや待て待て。つまりどの地域でも、こうした性格特性を持つ人物は「（ヒョウ柄のような）人目を引く派手さ」を好む傾向があり、このキャラクターが文化・歴史的背景のせいで大阪に多く集まっていて、だから都市伝説が生まれた、という流れかもしれません。

そういえば「大阪のおばちゃん、本当は気が弱いので強く見せたいからヒョウ柄？」という質問もありました。

いや、一般的に服装は自己表現のひとつ。日常でただ「好きだから着ている」場合、自分の性格と正反対の色柄を「無意識に」手にするのは難しい。仕事柄こう見せなければとか、今日の私は強くならなくちゃ、など、ある種の意図が必要です。もし気弱な人が無意識で強い色を手に取るとしたら、派手な「攻めの色」ではなく、防衛的な気持ちを支えてくれる色、鎧《よろい》のかわりに「守ってくれる」色がまず必要。それは黒でしょうね。目立つ必要ありませんから。だからヒョウ柄ではないのです。

大阪で着ている人にインタビューすると「カッコいいから」という答えも多くあるとかで、色柄の持つ強さ、猛獣が持つ強さに共感できるタフさがなければ、なかなか着られないといえるでしょう。しかしこうやって色々質問まであるところを見ると、大阪のおばちゃんはやっぱり人の目を引き寄せるパワーがあるんですね。

ところがあるウェブショッピングサイトの統計で、ヒョウ柄を一番多く購入したのは、何と大阪ではなく埼玉だったことが判明。話題になりました。もちろんこのサイト内の話なので、ちゃんと調べて統計を出したらわかりません。

でも埼玉県人のインタビューでは、トップスでヒョウ柄をよく着ている大阪とは違い、小物などで「チラ見せ」がいいと、ほとんどの人が答えていたのが印象的。だって大阪の別のインタビューでは、ヒョウ柄と呼べるのは、ヒョウの顔が入って初めてヒョウ柄と呼ぶんですという女性が。そうか！　恐れ入りました。

5　キリスト教で黄色は卑怯なやつ？

私たちが色に抱くイメージのなかには、文化、とりわけ宗教の影響を受けているものが意外と多くあります。

最も顕著な例は欧米におけるキリスト教と色の関係。一神教のため厳しい制約や決まり事がたくさんあって、それが色にも影響しているのです。なかでも黄色と緑はイメージがとんでもなく悪くなった色。黄色に至ってはその汚名を今でも十分に晴らすことができていません。これはアジア文化では見られない風潮ですね。

例えば日本で黄色のイメージを聞くと明るい（光）、陽気、希望、暖かいなどポジティブなイメージがあげられ、それにレモン、バナナ、注意標識など身近なものが出てきます。ネガティブなものでもうるさい、子どもっぽい、軽薄とまあまあ軽め。小学校低学年の子どもでは好きな色の上位に入る色です。

ところが欧米では明るいといった普通のイメージもありますが、裏切り、卑劣、臆病、嫉妬、狂気とネガティブワードのオンパレードに。yellow と単語だけひいても、妬みや卑怯《ひきょう》者、熟語の yellow belly《ベリー》、yellow dog は「臆病者または卑怯者」。何だかとにかくネガティブ。これがキリスト教から生まれたのだとしたら、いったいなぜ黄色のイメージはここまで悪いのでしょうか。

「キリスト教が黄色のイメージに影響を及ぼした」といえるのは、古代ギリシア・

ローマ時代と黄色の立場がはっきり異なるからです。
古代ギリシアでは、サフランで染めた黄色が好まれ、巫女《みこ》や神官が着用した色として、ほかにも花嫁のベールに使われるなど、「高貴さ」や「幸福」なイメージを持つ色。また料理にも使えるサフランは当時、鎮痛、止血などに効く生薬としても貴重でした。

ところがキリスト教が躍進した中世ヨーロッパで黄色のイメージは一転。卑しむべき娼婦や宗教異端者らが着用させられる色となってしまいます。かつて「神官が身に着けた色」が、ですよ。この「悪しき者への烙印《らくいん》」、シンボル色となった黄色は、第二次世界大戦中、ドイツがユダヤ人とわかるように黄色の星型を付けさせた、あの黄色へつながっていきました。

この大きなイメージの変容。その背景にはキリストを裏切った男「ユダ」の存在が大きく影響しているといわれます。

宗教画ではユダの裏切りのシーン、赤毛で黄色い服のユダがいくどとなく描かれ、信者はこの絵を頻繁《ひんぱん》に見るのですから、「裏切者の色」としてどんどん浸透していくことになりました。

このため現在の黄色に与えられたネガティブワードは、すべてこのストーリーが始まりで、ユダ＝卑怯な裏切り者＝黄色というつながりに。黄色にとっては迷惑千万の歴史も、キリスト教信者だからわかる色の歴史なのですね。

ところが本当は聖書にユダの服装についての記述は一切ありません。後世の人間がユダをとにかく悪く見せたい、その一心で作り出した創作でした。

最初は「最悪の容姿の特徴」といわれる赤毛で描かれ、次に12世紀ごろに黄色の服とされたのです。ついでに最後は「排斥《はいせき》の象徴＝左利き」も加えて設定されたとか。これでもかこれでもかと憎きユダの最悪ぶりを強調するために、とにかく利用された黄色。でもなぜほかの色ではなく黄色だったのでしょう。考えられる理由はいくつかあります。

まず、黄色は目立つ色ということ。キリスト教では、神の御前では控えめな態度が尊いと考えられました。派手で表面的なものは、軽率で謙虚さが足りないと。古代ギリシアで尊ばれた黄色の明るくて目立つ派手な性質は、疎まれる要因になってしまったと考えられます。

また黄色と白の競合もあるでしょう。ほとんどの宗教に共通しているのが「光と白は重要な意味を持つ」こと。神はその存在や力を光で示し、白は光を象徴する色、神聖な色として扱われてきました。聖書は「初めに光あれ」という有名な言葉から語られ、光は重要なモチーフなのです。そうしたなか、本来光をイメージできる白と黄色は兄弟の色。白が透明な神の神聖さを表す光の色ならば、黄色は光の暖かい輝きを伝える色のはずです。

実際古い聖書では、「光」、「白」、「ギラギラする」などの表現が同じ単語で表され、やはり光と白の関係が古くからだとわかります。でも同時に、黄色も「ギラギラ」に相当する使われ方が見られるようで、やはり感覚としては近かったのでしょう。でもね、輝きといえば、そうです、金色がありますよね。

腐食しない黄金は不思議な力を持つ永遠の象徴として古代から尊ばれてきました。金色もまた黄色の兄弟。黄金は実在の鉱物ですから、その威力は絶大。こうして暖かい輝きまで金色が担ってしまうと、黄色が持っていた重要でポジティブな役目はすべて「色の兄弟たち」に奪われてしまうことに。神はひとりであり、神聖さを白で、神々しさは色ではなく金属のゴールドで表すならば、黄色はこれらの色に近すぎて、差し出がましい邪魔な存在。もともと目立つ色です。貶《おとし》めることが必要だったのではないでしょうか。

黄色に残されたイメージは、光から切り離されて、古くはライ病患者の肌の色。現実には糞尿や腐敗する落ち葉、キツネなど卑しいとされる獣の毛皮の色と、汚《けが》れたものと結びつけられてしまうのです。そんな黄色の代表は薄汚れた「からし色」。現在でも欧米で最も嫌われる濁ったこの色が、キリスト教の黄色のイメージに近いのです。

ユダの裏切りを描いた有名な絵画に、画家ジョットの《ユダの接吻《せっぷん》》があります。キリストの頭部にはゴールドの光が、そしてユダの服の色には、その「からし色」が。卑劣で汚れを表す黄色です。

そして黄色の悪いイメージは、日常でも繰り返されることになりました。最初は娼婦や異端者の色。目立つ色として黄色のほか赤や緑も使われていたのに、やがて黄色が主流になります。汚れたイメージが強化され続けていくのです。目立つってそれほど悪いことだったのですね。「神の御前」ではあらゆることが規制された、そんな強固な規律は欧米の色の象徴性に大きく影響を与えていると思います。

ところで聖書に記されている色の内容が、ときどき古くからこの色はこんなイメージだったと、引き合いに出されて説明されることがありますね。でも歴史的に最古の翻訳書といわれるものから、その後の聖書をはじめとして、いくたびも新たな言語への翻訳や写本を重ねていると、その記述者や翻訳家によって、どんどんと表現は変化したり、たくさんの誤植も生まれていきます。

加えて初期にはまだ「色」は色としてはあいまいで確立されておらず、色名というよりも具体的なものや何かの状態、風合いで表現されているものを、翻訳者が自分なりのイメージで色に変換していくという問題もありました。

例えば「カラー」と訳されている部分にあったのは、「目に見えるさま」のほか、「赤みを帯びた」、「白くなる」、「青ざめた」といった言葉にもなる単語。また言葉としては褐色か赤と訳されるべきところは黒に。「髪が白くなった」は「我は憩う」と翻訳

ジョット・ディ・ボンド《ユダの接吻》

されたり、もうこれ、超訳ですよね。そうした意味では、「聖書にこう書いてあったから」という説明自体、実はとても不確か。超訳、誤訳、勘違い、写し間違いなど、ものすごいミスがたくさんあったことは歴史的に有名な話です。

こうした結果のネガティブ強化から、黄色がようやく本来の力を発揮できるようになったのは19世紀後半。印象派の画家たちが自然な光の輝きを追求し始めてから。またそのころ、黄色の明るくはっきりしている性質が遠くからでもよく見えるため、産業界などで次第に使われ始めます。

その後はご存じの通り。目立つことで公共の色、例えばフランスのポストやアメリカのタクシー、世界中の標識、看板、パッケージ、ウェブデザインでも黄色を効果的に使う方法が教授され、今では欧米でも日常的に使われています。明るい黄色は光のイメージを取り戻したのです。

そうは言ってもyellowの言葉の意味は清算できないまま。だからyellowと言葉で聞くと、どうも悪いイメージがともなうんですね。

社会での色の意味や使われ方は、世の中の状況や、ちょっとしたきっかけ、間違いから時代を経て反転することがよくあるのです。そこが色の難しくて興味深いところですけどね。

6　「黄色い声」とはだれが言ったの？

言葉には、色のイメージを使うことでより感覚的に理解しやすくなるものがありますね。「腹黒い」とか「頭が真っ白になる」、「黄色い声」など。色がつくとイメージしやすく、腹が黒けりゃ不穏さを感じ、頭のなかが白いなら反応はできなそう。ところが「黄色い声」の「声」に形はありません。聞くことはできても、色がつくモノがないのに共感できるのは不思議な気がしませんか。

甲高《かんだか》い声をさすこの言葉の由来は諸説あり、古代中国でお経を唱えるとき、高い音程部に黄色の印が使われたという説。江戸時代に声を5色で表すことが流行り、そのなごりという説など、ほかにもあるようです。由来ははっきりしませんが、甲高い声が黒ではなく黄色というあたり、現代でも共感できますね。

私たちは形のない声に対して色以外でも、甘い声（声プラス味覚）、冷たい声（声プラス触覚）など、何の違和感もなく使っています。スペイン語でも子どもや女性の美しい無垢《むく》な声を「白い声」と表現されるようです。こうした音（聴覚）のほか、人は五感の、視覚、触覚、嗅覚、味覚などを相互に関連させていることが、心理学でも知られています。

どういうことかというと、例えば「ブーバ・キキ効果」。2つの図形を見て、どちらが「ブーバ」でどちらが「キキ」だと思いますか？

この質問では言語や文化に関わりなく98％の人が曲線図形をブーバ、ギザギザ図形をキキと答えたそうです。すごいですよね！

これは意味のない言葉の「音（聴覚）」、それに意味のない「図形（視覚）」という別々の五感で受けた刺激なのに、多くの人がそれを関連づけて似たような感覚で受け止めているとわかる実験。なかなかおもしろいでしょう。

この現象を専門用語で「通様相性《つうようそうせい》」と呼び、「黄色い声」も黄色が持つ色の感覚と甲高い声の感覚につながりが感じられたわけで、時代を超えて人が持つ感じ方ということになります。

ただ、この図形のように意味のない形では98%という数字が出ていますが、これを例えばまん丸、つまり正円と色で試してみると少し異なる結果が。

欧米のある資料で正円の色は青という報告が多かったので、日本で30名ほどの少人数でしたが同じ質問をしてみました。するとほぼ赤という回答が。これは日本の国旗に影響を受けていると考えられます。つまり文化のなかで意味を持った形と色がすでにある場合はそこに影響を受け、結果が異なる可能性も。これは通様相性が先天的な性質か、後天的な性質かを考えるのに役立つかもしれません。そしてさらにすごい実験結果が。

あの「黄色い声」にみられるような「高い音」は「明るい色」につながるという感覚を、なんとチンパンジーも持っていると、霊長類学者の松沢哲郎先生のグループが突き止めたというのです。この結果からヒトとチンパンジーの進化が枝分かれした500万〜600万年前よりもっと前に、こうした性質を身につけた可能性も出てきたので、言語や文化の影響と脳の仕組みなどが通様相性とどのように関連しているのか、これからの研究課題といえそうです。

そして通様相性と同じような特殊な現象が「共感覚」。この言葉を知っている人は多いかもしれません。芸術家が多く持つといわれ、またお笑い芸人で爆笑問題の田中裕二さんもそうだとわかって一時期話題になった現象です。

共感覚とは、五感への1つの刺激が、同時に別の感覚も呼び起こすというもの。例えばある「音」を聞くとそれが「色」として、しかも固定された関係で常に見える。ドレミの「ド」はいつも「青」が見える。あるいは文字や数字に一定の色、「あ」は「赤」の文字として見えるなど。音を聞いて色が見えるのは「色聴《しきちょう》」、文字や数字に色を感じるのは「色字《しきじ》」、ほかにも色や形を見ると音が聞こえるのは「音視《おんし》」と呼ばれますが、刺激と反応の種類は多岐《たき》にわたり、味から音、手触りから色、匂い、痛み、時間、単位、リズムなど、どうやら150種類以上の共感覚があるようです。

自分の意思とは関係なく勝手に生じ、生涯で一貫している。あいまいなイメージではなくほぼ固定された関係。反応がはっきりしているので記憶を助けたり（名前を色の並び方で覚えるとか）、好き、嫌いといった感情もわいてしまうなど、先ほどの通様相性と似てはいますが、別の特殊な現象ともいわれます。

不思議なのは、ある刺激が同時に「色を感じさせる」というタイプが多いのに、色から別の感覚が生じる人はとても少ないこと。そしてどちらにしても「色にまつわる共感覚」がとても多いことです。

個人により反応は違いますが、音声でカ行は黄、サ行は青といった傾向。音程では高い音は明るさ、低い音は暗さを伴う色の傾向も。男性より女性、大人より子どもが多く持つ、原始人は持っていた、数千人に一人とか数十人に一人が保持者という説、1人で何種類も共感覚を持っているなど、とにかく色々な結果や報告がありますが、それもそのはず。昔から報告はあったものの、本当にこんな現象があると検証されはじめてまだ30年といわれ、ネットで流れている情報には都市伝説的なものまであり、まだ整理されていません。

科学者ニュートンが虹の色を7色と考えて音

©Stefan van Zyl/500px/amanaimages

階と合わせたという色彩学では有名な事実。これは彼が共感覚を持っていたからといわれることもありますが、実際には誰にでも色として見えるため反論されています。また有名な共感覚保持者といわれる画家カンディンスキー、音楽家のスクリャービンは、色と音や文字の関係が作品によって変化しているので、真正の共感覚ではなかったという説。日本の芭蕉《ばしょう》や宮沢賢治は共感覚を持っていたという話もありますが、真実を見つけ出すのは難しそうです。そのなかで現代音楽家のメシアンは本当に共感覚を持っていそうですが、味わいたくても音楽がわからないというか、個人的にはまず現代音楽に親しんでからでした。

さてそんな感覚の検証作業も、最近では脳スキャンと実験を組み合わせることで、脳の反応が確認できるようになりました。例えば色聴や色字の共感覚を持つ人は、音や文字があると、脳の色に反応する領域ではっきり活動が見られ、実際に色がない刺激に「色を見ている」ことがわかっています。

こうしたことが確認できるようになっても、この特殊な現象がどうして起きるのか、いまだにわからないのも事実。仮説では、新生児など初期の脳は成長にしたがって、五感からの情報と知覚する脳内ルートを整理して回路を作るのに、それができていない結果説など、ほかにもいくつかありますね。人間の進化の過程と、文化による心理的な問題など複雑な背景を持つ結果として、いつの日にか解明されるのかもしれません。

通様相性や共感覚は、特殊な人に起きる特殊な現象ではなく、人間がもともと持つ力の一種と考えられます。脳も心も複雑なので、宇宙の謎がずっと解明できないように、やはり人間を解明するのは難しいのです。まあ、わからないことって勝手に色々想像できるから、すごく楽しめますけどね。

7 スポーツと色の関係はまず期待感から？

テレビでマイアミ・オープンの紫色のテニスコートを初めて見たとき、へぇ！と思いました。コートの色はこれまで緑や赤茶、最近では青も増えてきましたが、そのなかにあってこの強い紫色のコート（周辺は緑）。なかなか考えたなというのが印象です。

スポーツと色の関係は近年多くの視点から研究が行われていて、それによってウェアや用具の色などに流行が生まれたり、あるいは変更が生じたりしている分野です。そこから見ると、このコートはまずテニスボールの色との相性がいい。ボールが黄色だからです。

その昔は白だったテニスボールが公式球として黄色に変わったのは、4大大会では全豪オープンが最初で1970年代はじめ。あの最も権威が高く歴史が古い全英オープン（ウィンブルドン選手権）、ウェアやシューズは白着用を義務付ける格調高き大会も1986年、一番最後に黄色を公式球としました。

黄色は危険や注意といった標識などによく使われる目立つ色の代表。標識のほか日常の注意すべき部位によく使われる色です。でも必ず「目立つ＝見やすい」ということにはなりません。なぜなら「あるモノ」を見ているつもりでも、人は必ず背景を一緒に見ているから。つまり赤や黄は目立つ色ですが、白地の上に黄色のマークをつけても目立たないように、背景によっては目立つ色でもまったく目立たなくなるということが起きるからなんです。

こうした色の見やすさを「視認性」といって、背景色との関係が重要だとわかっています。視認性が高くなるのは、背景の色と、マークなど見る対象の色が、どのくらい明るさに差があるか、ここがポイント。

黄色のボールの背景色としてコートを考えてみると、例えば4大大会のコートの色は、全豪と全米が青、全仏が赤茶、全英が緑と材質も色もそれぞれ。でもどの色でも黄色とは明るさに差があるので視認性は高い。あのマイアミ・オープンの紫もはっきりした差で見やすいでしょう。とはいえ明るさの差だけなら白でもよさそうですが、ラインは（全英ではウェアも）白いし、さらに一般的に白よりも赤や黄など色みのあるほうが、人の注意を惹きつけやすいといわれるので、やはり黄色がよかったのです。

写真：USA TODAY Sports/アフロ

ちなみに青いコートは少し前から陸上のトラックや卓球の台などでも使用されている色。青によって集中力が高まると期待されるからですが、こうした流れに加えてテニスでは、青いコートと黄色のボールが持つ色同士の関係も考えられます。

この2色は「補色」と呼ばれる関係。色のメリハリが特に強い反対の性質を持った色同士の関係です。面積差があると小さいほうの色が目立つので、選手はより黄色が見やすいかもしれません。理屈的にはそうですが、それよりコート全体が目に入る観客にとって効果が高いんじゃないかと思います。青い色のなかで行き来する補色関係にある強い黄色。そこに惹きつけられ、一般的には青に期待される集中力と注意を喚起する黄色の強いコントラストが興奮をより高める、そんな可能性も考えられるわけです。そしてあの紫もやはり黄色とは補色的な関係。特に黄色の蛍光色ボールは黄緑のような色となるので、黄緑と紫は補色ですからさらによろしい。

でも一番へぇ！　と思ったのは、観客にしてみると緑に囲まれた紫色の広いコート、そんな色の景色を眺めるということは、日常ではまずない体験。つまりとても「非日常」的な感覚に浸ることができるわけです。そこに黄色いボールがすごいスピードでやり取りされ白熱戦が繰り広げられるわけですから、その刺激といったら、これはほかでは体験できないテニス観戦になりますよね。選手のパフォーマンスが最も重要ですが、プロスポーツでは観客をいかに動員するかも大切な問題ですからね。そう、スポーツを観戦する観客にとっても色は重要なものなのです。

アメリカのジョンズ・ホプキンズ大学の認知科学者ジャスティン・ハルバーダは、サッカーのようなたくさんの人数が動き回るスポーツは、ユニフォームの色によって楽しむことが可能になっていると指摘しています。

人間も含め霊長類は、3つ以上の物の動きを同時にとらえることは難しいといわれますが、そんな能力じゃ、たくさんの人が動き回るスポーツは楽しめないことになりますよね。ところがユニフォームの色で2チームにグループ化されると、散らばったものでも2つの色の集団と感じられて、動いている人が3人以上でも感覚的に把握でき、そのスピードについていけるというのです。3つまでということは、ゴール前の混戦も2チームの色プラス、ゴールキーパーのユニフォームの色と3つ。おお、ちゃんと動きがとらえられる！　なるほどね。

スポーツ選手のパフォーマンスに色がどのような影響を与えるか、20世紀半ばから多くの研究が行われています。ユニフォームの色で勝敗率が違うといった話題も以前はよく取り上げられました。でもなかなか一貫性のある結果は得られていません。必ずこうなるという話はなく、勝敗にはたくさんの要素が関連している、それが現実です。ヒトというのは予測不可能、だからおもしろいんですけどね。

第3章 茶

1 諸行無常の茶色の世界

黄色など暖色系の色を暗くするとどれも概《おおむ》ね茶色になります。茶色のバリエーションはアースカラーとしてファッションでは人気ですが、ただの色として見ると一般的にそれほど魅力ある色とは考えられていないようです。

色の明暗で印象は大きく変わりますが、茶色というと普通は樹木の幹の色、ミルクチョコレートのような色や栗色などを思い起こす人が多いでしょうか。この色のイメージは、落ち着き、地味、安心、堅実、自然、陰気など、色としての華やかさを欠いている感はあります。でもインテリアや家具で使われる明るいベージュや暗いこげ茶は、人を落ち着かせるぬくもり、また安心感や安定感があり、木造建築のなかで生活してきた日本人にとって親しみのある色なのです。

そんな茶色、日本では高貴な色ととらえられていた時代もありました。例えば平安期以降の天皇が儀式に着用する正式な袍《ほう》の色の「黄櫨染《こうろぜん》」。天皇以外は身に着けることができない絶対禁色《きんじき》で、一見暗い黄土色とでもいえそうなので、高貴という言葉に戸惑いを覚えるかもしれません。でもこうした色は衣服の色として使われてきたもの。素材によって色の印象は変化するので、紙やモニター上の色で考えてはいけません。

絹に染められたこの色は、光の加減で黄金色《こがねいろ》にも深い黄色にも見え、その上品な輝きは印刷で見る色とは別格。夏の土用の南中に輝く太陽の色を表したといわれる中国でも皇帝の色でした。

また平安時代に生まれた「朽葉色《くちばいろ》」も古い日本で愛された色。『源氏物語』や『枕草子』などの文学、貴族の服飾資料にも頻繁《ひんぱん》に登場します。「朽《く》ちた葉の色」がどんな色調かは諸説あり、まあ枯れ葉の色です。

また織り色や「かさねの色目」にもその名が見られます。

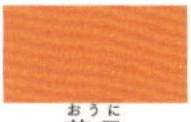

黄丹《おうに》
（皇太子の礼服の色）

黄櫨染
（天皇の正式な袍の色）

かさねの色目をちょっと説明しておくと、女房装束の呼び名で古代日本を代表するもの。衣服の薄い表地とそこから透けて見える裏地の配色をさす重色《かさね》、また衣服を重ね着したときの襟や袖口に見える配色ルールの襲《かさね》色などがありますが、現代ではあまり区別なくかさねの色目といわれますね。古代は生地の織り方や文様、季節によっても変えるなどたくさんのルールがあって、それを覚えて着こなすのは相当知的な作業。そこに着る人の人物像、センスや知性を見て、あれやこれや言う当時の風潮も、そう考えると納得できます。

日本人の色への感性は、四季に変化する自然の色をよく観察することで育《はぐく》まれ、その自然と一体になることが美しさの基本だったように思います。平安時代に発展したかさねの色目の配色は、初期には中国から輸入された単調な色遣いが、やがて日本の四季に見られる様々な色を模倣し組み合わせた複雑な配色となり、装束で美しい自然を再現することが追求されていきました。その繊細な美をいつくしむ心の底にあるのは、めぐる季節に消えて行ってしまうあらゆる命（の無常）を受け入れる姿勢、そこにつながっているのかもしれません。

そういえばあの「いろは歌」も色から始まりますね。

「色は匂へど 散りぬるを 我が世誰ぞ常ならむ 有為の奥山 今日越えて 浅き夢見じ 酔ひもせず（美しく咲き誇っていた花もやがて散ってしまうように、世の中にはずっと存在し続けるものなんてあるはずもない。深く険しい山奥を歩くようなこの厳しい生を今日もまた進む。儚《はかな》い夢などに惑わされない苦しみの先にあるかの地へ向かう）」

全体の解釈は色々とありますが、最初の「色」は美しく咲き誇る花を意味しており、無常観を突き抜けねばならない宿命もまた象徴的に訴えています。この感覚が、色としてはつまらなく見える土の色、木々の幹の色、枯れた葉の色ですら、美しいと感じる古代日本人の心象につながっているように感じます。

「小倉山蒔絵硯箱」サントリー美術館所蔵

こうしてみるとヨーロッパではキリスト教が人々の心に大きく影響を与えたといわれますが、日本人の場合は自然の姿そのものが宗教的感覚となって影響を与えていることがわかりますね。かの芥川龍之介も「われわれの生活に欠くべからざる思想はあるいは『いろは』短歌に尽きているかもしれない」と言っています。その後の彼の人生を思うとちょっと複雑な気持ちになりますが。

ところで茶色という名前。そもそも私たちがよく知っているお茶といったら緑茶で、褐色ではないですよね。実は茶色という色名は古代にはなく、褐色はあの「朽葉《くちば》」のほか、ドングリを染料として染めた「黄橡《きつるばみ》」や「香色《こういろ》」などが古い茶系の名前でした。香色は香木《こうぼく》から染めたアンニュイなベージュのごときやわらかな色。伽羅《きやら》、丁子《ちようじ》などで染め、濃淡それぞれに名前がつけられるほど好まれました。香木のかすかな香りを楽しみ、『枕草子』や『源氏物語』にも多く登場、仏僧の僧衣にも使われた色です。

お茶が飲み物として日本に入ってきたのは平安時代初期。染料としては室町時代からといわれていますが、茶色が一般の色名として広く普及したのは17世紀中ごろ。江戸時代に入ってからといわれます。急須《きゆうす》で飲むお茶が一般庶民に広がったのも江戸時代。当時は緑茶ではなく番茶のようなもの、まさに「茶色」。つまり緑茶が広まったのはそんな番茶のあとだったので、茶色は緑ではないというわけです。

こうしてみると、いつもは脇役のような茶色が、ひとつの世界観を持った色だということがわかります。日本で長く愛されてきた自然の色。その良さをよく味わって感じてみると、ホッとして落ち着く気がします。

2 闇に表された褐色の美

ヨーロッパでは色に関しての考察が古くから行われてきました。

プラトンはキリスト教徒ではありませんでしたが「混色して新しい色を作り出すことは神への冒涜《ぼうとく》である」と述べ、これはのちのキリスト教の、混ぜることへの戒めにも通じるといえますね。これに対して弟子のアリストテレスは、自分が体験していることに注目して考察を進めていくスタイルで、色についても「(すべての)色は白と黒のあいだにある」と考え、この発想も後世のニュートンにまで受け継がれることとなりました。

こうした思想を背景にしながら中世ヨーロッパキリスト教では一時期、色についての大論争が巻き起こっていました。それは「色は光か物体か」という問題です。

当時光はキリスト教の神の愛、場合によっては神そのものであるとし、もし色が光の一部ならば、それは迎え入れ享受《きょうじゅ》すべきものですが、もし物質ならば、色は神への信仰に不必要なもの。教会を飾る色の装飾は無くさなければなりません。だからとても重要な問題だったのです。

結局色彩についての解釈は光であり物質という両面のまま、教内派閥によって異なる見解を示したよう。そんな姿勢が欧米の色の在りかたに大きく影響してきました。ちなみに現在の美しい教会内の装飾を見ると、どちらの勢力が勝利したのかはわかりますね。

さて日本で愛された茶色系、つまり褐色は光を感じさせないどころか、欧米では魅力的とはほど遠い存在と感じる人もいるようです。紋章学・歴史学の研究者ミシェル・パストゥローが、ブラウンにあたるフランス語の「マロン」について、「茶色が持つ不快なニュアンス」という言葉を添えているのを見てもわかります。

また茶系の代表的な英名は「ブラウン」。語源は「ベアー(熊)」。でも熊はヨーロッパではあまり重要な生き物とされてはおらず、キリスト教でもときに悪魔の力を表す存在。よいイメージはなさそうです。

名称以外にブラウンは「憂鬱《ゆううつ》」や「陰気」という意味も持っています。be

browned off というと「うんざりする」なので、茶系の立ち位置がわかりますね。興味深いのは、アメリカやイギリスの苗字で「ブラウンさん」が多いこと（こんなにイメージが悪いのに）。そして色としては下層階級者の色、つまり色あせて煮しめたような衣服しか手にできない者の色、そんなイメージを持っています。

でもこうした社会の既成概念にとらわれず、美を見抜く天才はいつの時代にも生まれます。それはレオナルド・ダ・ヴィンチをはじめとする多くの画家たちです。ダ・ヴィンチは華やかな色を使わなくても人の心を動かせる絵は描けるのだと言いました。例えば誰もが知るあの《モナ・リザ》。この絵はほとんど褐色のグラデーション。鮮やかな赤や青は見当たりません。彼は「理解するための最良の方法は、自然が創造した無限の作品を十分に鑑賞することだ」と述べ、人は自然の創造物を決して超えること

レオナルド・ダ・ヴィンチ《モナ・リザ》

はできないと考えていたことも伝えられています。

ただそんなことを言っておきながら、実は身なりをすごく気にする人で、その上美形（実際にダ・ヴィンチに会った人々はみな、大そう美しい男だったと描写）、そんな彼はバラ色の服をこよなく愛して着ていた人でもありました。あ、茶色じゃないんですね。まあ、衣服の茶色には価値がなかった時代ですから。

さて光と影のなかに、褐色の奥深さを表現した画家たちもいます。その代表がイタリアの画家カラヴァッジョ。長く行方がわからず、2014年に発見され話題となった作品《法悦のマグダラのマリア》は日本で世界初公開されましたね。

恍惚《こうこつ》とした表情のマリアを浮かび上がらせた闇は、カラヴァッジョがこだわった世界観。カラヴァジズムと呼ばれる芸術運動にまで広がった、劇的な光と闇で見る者を圧倒するバロック時代を代表する画家です。

大胆で斬新な構図、写実的ながら明暗の強烈な対比。そのカラヴァッジョの闇は単純な黒ではなく、複雑な暗褐色を含んでいます。温かな光と対峙《たいじ》する闇をよりリアルで効果的に描こうとすると、汚れたような褐色が表現者にとっては美を創造する必要不可欠な色となるわけです。これが色のおもしろさ。

このドラマチックな表現はフランドルの画家ルーベンスやオランダの画家レンブラントなど、ほかにも多くの画家に影響を与えています。ですがルーベンスが使う褐色には落ち着きがあり、「光と闇の魔術師」と呼ばれるレンブラントもまた洗練された褐色のように見えますが、カラヴァッジョは劇的瞬間を切り取り、それが静かな場面であっても褐色には圧倒的で複雑な強さ、深さが込められているような気がします。技法的に使っているというより、この色に惹《ひ》かれて使っている気がするのです。彼にとって褐色というのはどんな色だったのでしょう。気になります。

貧しいなかで両親を亡くし、一人ローマに出て、若くしてその才能から名声を得るも、暴力に明け暮れたび重なる投獄。ついには殺人まで犯して死刑宣告を受け逃亡生活となるカラヴァッジョ。初期の明るい画面にも、あの褐色は常にどこかに存在しています。

１６０４年に描かれた《ロレートの聖母》では、農夫たち巡礼者の前に現れた聖母子の幻影が、質素ながらも美しくやさしいマリアとして暗褐色で描かれています。ライバルから「汚いマリアが不敬だ」と訴えられ、投獄されるはめになった絵ですが、「貧しき者の色」で描いたマリアに意味があり、また彼の人生を考えると、こ

カラヴァッジョ《ロレートの聖母》
©www.bridgemanimages.com/amanaimages

の褐色こそ、身近でやすらぎの色だった気がします。

あれほどの激しい気性ならば、激しい赤に引き寄せられてもおかしくないように思えますが、そんな単純なエネルギーの放出では、彼の葛藤《かっとう》や孤独に共鳴できなかったのかもしれません。赤がくすんで暗褐色になったとき、その屈折した心に寄り添うことができたのでしょうか。勝手にそんな想像をしてしまいます。

そして完全な闇の黒に対して、暗褐色はまだ光とつながっている状態。そこには希望があります。何度も自らの人生を打ち砕いてきたカラヴァッジョにとって、唯一褐色をぬりこめている時間だけが、希望を全身で感じ取れる瞬間だったかもしれません。

そう、もしチャンスがあれば彼の果物などの静物画を見るのもいいでしょう。明るい画面に描かれるおいしそうな果実と元気な植物のなかに、熟れて腐り始めた果実、虫食いや枯れた葉が描かれています。自然本来の死が寄り添う姿。ダ・ヴィンチのようにカラヴァッジョもまた真の自然を知っていた人物。だから褐色を美しく描けたのかもしれません。

さてブラウンには画家の名前を冠した色もあります。「ヴァンダイクブラウン」。ルーベンスの弟子の画家ヴァン・ダイクです。生い立ちも日常もおしゃれで上品、貴族たちの肖像画を描き成功した彼は、カラヴァッジョとは正反対の人物像と人生でした。その作品によく登場した色を彼の名にちなんで命名された暗褐色は、死後209年たってからつけられたといわれます。

濁った色の代表である褐色も、よくみると多くの画家が、それぞれの褐色を駆使して表現し、その心の奥をのぞかせています。西洋絵画を見るときにちょっと気をつけて見ると、またおもしろいかもしれません。

3 ちょんまげ男子は流行色を追う娘たちを見る

季節を先取りし、ファッション誌はいつもこぞって新しい流行色を伝えていますが、この「流行色」は、たくさんの仕掛けに支えられて誕生するもの。例えばインターカラー（国際流行色委員会）などが2年前から各シーズンの流行色を考案、実シーズンまでマスコミが伝え、消費者がやっぱり気になって買っちゃうという筋書きです。でも人の心は環境にも影響されるので、2年前には予測できなかった大きな自然災害や戦争など社会的大事件が起きると、その空気に影響されて流行色が不発になったり、仕掛けたのに理由《わけ》もなく流行らなかったということも。ビジネの世界は厳しいのであります。

そんな流行色、現代に始まった話ではありません。日本に「流行色」という「社会的現象」が登場したのは江戸の元禄《げんろく》時代といわれます。この時代は武士が支配する社会でしたが、戦乱の世が終わり社会が安定したことで人々の生活も安定。経済も活性化し、江戸の町の人口も中期ごろには100万人を超える大都市となりました。そして身分が低かった商人が武士をしのいで圧倒的な財力を持てるようになったのもこの時代。では豪奢《ごうしゃ》な公家や大名の生活を目指した豪商男性が、お金をかけた余暇は？

そう、遊郭などでの派手な遊びです。当時高い位の人気遊女は美貌だけでなく豊かな教養も備え、ヨーロッパのサロン文化とも時には比較される場所。時代劇によく登場する紀伊國屋だれそれとか、派手に遊んでいるでしょう。でも教養がなかったり粋じゃないと嫌われてますよね、ドラマですけど。

さてそのとき、妻たち娘たちはどうしていたでしょう。はい、派手にお買い物です。または美しく着飾ってお花見、物見遊山《ものみゆさん》、歌舞伎など芝居見物、そして豪華で意匠を凝《こ》らした新作の着物を競い合う「衣装くらべ」も盛んでした。

こうした豪商妻同士の衣装くらべは人々の関心の的でもあり、その華々しい様子を当時の随筆や日記などが伝えています。そんな生活を楽しむ風潮は、豪商から次第に普通の町人にまで広がっていきます。江戸の町人文化の幕開けです。

幕府は安泰《あんたい》の世を維持するため、参勤交代などで大名の経済力を抑制したり、町民の力を抑えるために派手な生活全般を禁じる「奢侈《しゃし》禁止令」を何度も発令しています。衣服では身分によって許される生地の種類から模様、色まで規制。紅や紫といった鮮やかな色、金糸銀糸の縫い物や高価な織物、総鹿の子（手の込んだ染色法）など煌《きら》びやかな衣装はご法度《はっと》です。

許された色は、染料が安価な茶色系、鼠色系、そして藍色系でした。このため「四十八茶百鼠《しじゅうはっちゃひゃくねずみ》」という言葉が生まれるほど、この時代に多くの茶色系、灰色系が誕生。ソフトで渋い色あいのバリエーションを庶民は楽しんだといわれます。

事実、当時の茶系色の総数は何と153種類とする資料もあって、とにかく貪欲なまでに色を求めた町人の様子がうかがえます。表は渋い色なのに、裏地に凝った刺繍《ししゅう》や描絵、鮮やかな紅など派手な色で、こっそり自慢する人もいたようですよ。

さてそんな庶民の江戸にもファッションリーダーがいました。それがあの豪商たちがお金をつぎ込む遊郭の人気遊女たち。

一般女性はその遊女を写し取った「美人画（浮世絵ですね）」から、どんなメイクや髪型、着物の色や柄を身に着けているのかしっかりチェック。それをお手本にするわけです。ちょうど今のファッション誌みたいですね。遊女もわかっていて、かなり力を入れ考案していたようで、さすがプロ。

また着物の色や柄などの見本帳の「雛形本」が発行され、女性たちはそれを見て選べるようになり、商人は「これが今流行の色」とご紹介できる仕組みに。

そして最も「流行色」を盛り上げたのが、何といっても「役者色」。歌舞伎役者がその役柄で着用した好みの色です。女性たちはこぞって芝居見物に行き、ごひいきの歌舞伎役者の「役者色」を、これまたこぞって着るわけで、今ならさしずめジャニーズ団扇《うちわ》を持つような感じでしょうか。

この役者色で有名なのは「路考茶《ろこうちゃ》」。女形の名人が好んだ色で、金茶系でオリーブ色がかった茶色です。ほかにも「梅幸茶《ばいこうちゃ》」、これは渋い苔《こけ》色系の茶色、「団十郎《だんじゅうろう》茶」は明るめの赤茶系、「璃寛茶《りかんちゃ》」は渋いこげ茶と、たくさんの役者色があります。

路考茶

梅幸茶

団十郎茶

璃寛茶

芝翫茶

歌川国貞《役者はんじ物 市川團十郎》
千葉市美術館所蔵

ちょんまげ男子の横を通り過ぎる娘たちが、ジャニーズファンがごとく役者色を着て街を歩いている姿を想像すると、ちょっと楽しいですよね。

「社会的現象」として庶民のなかで誕生した流行色。この時代のように平和な生活がなければありえないものでした。これ以前は貴族や武士という一部の特別な人々の文化に過ぎなかったからです。江戸時代は、一般の人々の手に、初めて色の喜びが渡った時代といえるのです。

第4章

緑

1　緑のイメージが伝えるもの

緑から連想されるイメージは、自然、植物、森、木の葉や草といった、緑そのものが浮かびますね。さらに癒し、落ち着き、安らぎ、平和、安全など、大自然のなかで私たちが感じる気分、レタスやホウレンソウといった野菜から、新鮮、健康など、食に期待される言葉もあげられます。

こうした色のイメージは食品のパッケージなどで効果を発揮します。アメリカ・コーネル大学の研究でも、カロリー表示が記載されたラベルを緑色にすると、同じチョコレートバーで同じカロリー表示にもかかわらず、赤や白のラベルよりも健康的だと感じる人が増え、食品イメージが事実と関係なく、色に影響されることがわかっています。メーカーもそこを狙ってということでしょう。

パッケージでいえば、過去に緑は田舎くさい、つまらない印象を与えるとしてあまり使用されませんでした。都会は立派なビルが建ち並んだ刺激的な場所なのに田舎は自然しかない、つまらない、つまらない、そんな感覚が緑に投影されたというのです。

ところが発展という名目で、世界のあらゆる場所で自然がどんどん破壊され、気づけば周囲に緑がなくなり、環境破壊や大気汚染、それによる病気が大問題になったことで、緑の重要性と価値が急速に上昇したのです。ここから緑のイメージは一新しました。今ではパッケージに限らず、エコにはまず緑、健康志向やナチュラルで人にやさしいものも基本的に緑。まるで協定でも結んだように、各国でそうした商品が見られます。

確かに本物の緑ではなくモスグリーンのようなただの「色」だけでも、それを見た私たちはちょっと落ち着く気がしますね。それがあのお菓子のラベルの色効果につながっているわけですが、まあ使い方はどうあれ、こうした緑に感じる感覚を植物の効果に戻すと、トリックではない事実も見えてきます。

実際、緑の植物は人を癒す力を持っているといわれていて、身近なところでは、室内に観葉植物があると集中力が高まる、若葉や緑茶の香りが、疲労軽減に役立つなど、色々な研究がされているようです。なかでも特に注目したいのは森林浴効果。

今、世界でも森林浴の研究、森林医学が盛んになっているといわれ、日本医科大学の研究発表でも、森林浴によって免疫細胞が活性化され、一度の体験で効果がしばらく持続することが報告されています。日帰りの森林浴でもストレスホルモンの低下を確認できて、忙しい人にも科学的にお勧めできるリフレッシュ法なんですね。がん予防やアンチエイジング効果も期待されています。

またアメリカはスタンフォード大学の実験で、自然のなかと街なかを歩いたあとの脳内の血流などを調べた結果、そこには違いが生じ、自然のなかを歩いた人のほうが、気分は改善されリラックス感が高まるということがわかりました。

以前から「フィトンチッド」と呼ばれる樹木が放出する揮発性の物質が、人間の免疫力や気分などによい影響を与えるといわれてきましたが、こうした実験で実証されるようになってきたのです。

自然から受けるヒトの変化が、この物質からなのか、ほかにもまだ別の要因や物質があるのか、天然の緑という色は影響があるのか、様々な要素も含めて、まだ研究は続くでしょうが、とにかく時間を過ごしたり歩くのならば街なかより、緑豊かな自然のほうが私たちのストレス解消に効果的、これだけは確かです。

こうしたことを考えると、太古から植物のある世界のなかに組み込まれて生きてきた動物（人間）だからこそ起こり得るともいえ、健康な身体と精神状態は緑のなかで保たれるように進化してきた私たちなんでしょうね。最近の小さな観葉植物などを机に飾るブームも、やっぱり緑が恋しくなるせいでしょうか。人は緑に守られてきましたからね。

2　ウグイスを見たことはありますか？

うぐいす色ってどんなイメージでしょう。本来の色はくすんで少し茶色がかった暗めの黄緑。明るい色ではありません。意外でしょうか。

人によっては「うぐいす色」と聞いて明るい若草色を思い浮かべるそうです。それは早春の和菓子「うぐいす餅」のイメージですね。最近は、鮮やかな若草色の餅を売っているお店もありますが、歴史的にうぐいす餅の最初は黄な粉、後にうぐいす粉で仕上げたお餅でした。うぐいす粉は熟しても青いままの青大豆を煎《い》って作る粉なので、本当はくすんだ薄い緑。明るい若草色ではないのです。

ウグイスをすっかり見かけなくなったいま、この若草色のうぐいす餅を見て、あれがうぐいす色だと考える人が多くなっているのかもしれません。

そのうえ「梅に鶯《うぐいす》」のことわざから、梅の花の蜜を好む別の鳥を見て、ウグイスと勘違い。その鳥の色がうぐいす色だと思っていることもあるようです。

この勘違いされた主は「メジロ」という鳥。臆病で人前に姿を見せないウグイスに対し、綺麗な黄緑で目の周りの白が愛らしい小さなメジロ。早春には都会でも梅

ウグイス
©YOSHITERU EGUCHI/SEBUN PHOTO/amanaimages

メジロ
©Yoshiyuki Kaneko/a.collectionRF/amanaimages

の木に頻繁《ひんぱん》に来るため、かわいい姿とウグイスの美しい歌声が結びつき、間違えられたのでしょう。

ついでに言うなら、この色の誤解はもしかすると「花札」からの影響だってあるかもしれません。江戸時代に今の形になった花札ですが、当時は野鳥の飼育も流行し、ウグイスは江戸庶民にもよく知られた鳥。ですからウグイスの色は理解していたはずです。現存する初期の古い花札。その絵札のウグイスはちゃんとくすんで薄い緑です。ウグイスの色を人々がよく知っていた当初だから、くすんだ色なのか、それとも時間の経過でくすんでいるのかはわかりません。とにかく花札のウグイスの色は、いつの間にか現代のような鮮やかな若草色になっていました。

興奮に満ちた遊びの場には、強く鮮やかな色が釣り合うので、だんだん誇張された色になっていった、ということも考えられます。何が原因で、いつからなのかはっきりしませんが、現在の「うぐいす色」は多くの人から「明るめの黄緑」と誤解されているのです。

ただ「色の勘違い」はよく起きるもの。例えばリンゴやバナナの色といって、その色の再現テストをすると、選ばれる色はリンゴならば強い赤、バナナならばはっきりした黄色になります。人が色を記憶するとき、元の色より鮮やかな色が選ばれてしまうのです。

これは「記憶色」といわれるもので、よく知っているモノの色は実際の色より特徴がデフォルメされ、人がより「好ましい色」のイメージで記憶をするため、再現すると実際とは異なってくるのです。時代によって色の性質が変化していく経緯には、そんな背景もあるといえるでしょうね。

ちなみに記憶色でよくいわれるのが、女性の肌の色。化粧品のファンデーションを選ぶとき、自身の肌の色は実際より明るめの色として記憶され、正しい色を選びにくいそうです。でも肌の色は人それぞれ。本当に微妙な色なので、既成の5種類くらいから選ぶとなると、マッチしないのが当たり前なんですね。本気で合わせるためには、相当に試して探してまわるか、作ることしかないようで、ああ、美しさを作るってやっぱりめんどう。

さて、あのウグイスとメジロの話。丸々したカラダにつぶらな瞳、きれいな黄緑、都会でもしばしば出会えるメジロに対して、本当のウグイスは尖《とが》ったくちばし、模様のせいで目も細く見えるし、茶色に近い暗めの黄緑のからだは、とても地味です。すでに都会ではその声を聞く機会も激減しました。

でもあの美しい鳴き声を披露し始めると、小さなからだ全身を使って、遠くまでよく通る声で歌います。その姿は本当に愛らしい。都会であっても早春の季節は、そんな美しい歌声に出会える幸運があります。来年もさ来年も、いつまでもウグイスには日本中で歌っていてほしいですよね。

3　青緑の影を退治したカラーコンサルタント

私たちを取り囲む建物や室内といった環境の色、また身の回りにあるたくさんの商品の色は、やはりどこかで私たちに影響を及ぼしているのでしょうか。

こうした色が人に及ぼす影響については、第一次から第二次世界大戦中、政府の依頼で多くの専門家が研究をしていました。この時代の目的は戦争に勝つため。軍事工場の生産効率に役立つ色の影響はないか、武器や戦闘服をどのような色にすれば敵から見つかりにくいかなど、色について考えられるあらゆることが研究対象になったのです。

そして戦後は特にアメリカで、実験の成果を踏まえたカラーコンサルタント業が盛んになっていきました。色から商品の売れ行きを考える「マーケティング」、居住空間を色で提案する「インテリア」など、色遣いの指南役がもてはやされ、日本の各業界にその影響を残しています。有名な古典的アメリカのカラーコンサルタント、ビレンやチェスキン。彼らの著書は現在の日本の色彩心理といわれている様々な情報の源であるといえます。

当時は説得力を高めるためか、かなりの演出を効かせている気配も。例えばルイス・チェスキンは著書『すまいの色彩』のなかでこんなストーリー（ほかの著書にもこの話は登場させているのでよほど気に入っていた様子）を書いています。

若妻がふさぎ込みどんどんひどくなるという訴えを夫から聞き、その対処法として、色彩専門家（恐らく著者本人）が夫に指示したのは、青い壁をオレンジやピンクにし、黒いものは全部取りのぞき、絵や陶器、彫刻などの調度品を赤やオレンジの色調にして加えてみよ、というものでした。

夫が言われた通りに実行した結果、妻は「ひと月もたつと（中略）、正常の幸福な奥さんとしての活発さを大部分取り戻した。この例は色彩が心理に及ぼす力を示す好例」であると。なるほど。ただこの結果が色によるものだと、どうして断言できるのか示されていません。

もしかすると「愛情表現が足りない夫に対して不安を感じ、どんどん悪い方向に考えて軽度うつ状態に陥った若妻が、自分のために部屋の模様替えを一生懸命やっている夫を見ているうち、不安が和らぎ次第に元気になっていきました。チャンチャン」というストーリーだって考えられますよね。彼女の言い分にはまったく触れられていないので何が真実かはわかりません。

でも当時は本当の事例と思えるような表現を多用したので、誰もが「色だけで人の心はこうなるのだ！」と信じ、多くの「色の神話」が誕生することになりました。

実際には玉石混淆。この若妻の話のように、インパクトを与えるための「なんちゃって心理学」や、時には神秘主義と結びついた根拠がない色の話も多かったのですが、現在もそうした話はけっこう受け継がれています。これではいつまでたっても、マユツバ、なんて陰口をたたかれることに。残念です。

色が人の心にある種の影響を与えるのは事実ですが、「青を着ている人の心理」を「正しく」言い当てられるわけはないし、選んだ色で未来がわかってしまうこともなく、それは心理学には入らないのです。

とはいえ戦中戦後の色々な実験が日常に生かされてきたのは本当です。研究の成果が「色彩調節」として使用されるようになったのもこうした1950年代のこと。これは色が人間に及ぼす影響を考慮し、疲労抑制や生産率向上、災害防止などを目的として色を使うという発想なんですね。

例えば、外科医が手術後、視野にちらつく影を解消したいと相談した結果、白い手術着や手術室の壁が薄い青緑に替えられた話は有名です。

診察室で会う医師は白衣を着ているでしょう。でも手術室では違いますね。これは医師が手術中ずっと血液の赤を見ているため、赤とは反対の性質を持つ色が浮かび上がる「補色残像効果」によって、白い壁に青緑の影がはっきり見えてしまうのです。そこで同じ青緑の薄い色を手術着と壁の色にすれば、打ち消されて見えづらくなるという対処法。

ほかにも、アメリカの工場で、室内が寒いという苦情に対して、21度に設定された室温はそのままに、白い壁を薄いオレンジ系の色にぬり直したら苦情が収まったとする、伝説のような話もあります。

ただ「色彩調節」の発想は、建築家や依頼主の嗜好《しこう》もあり、必要な公共部分などには普及したものの結果としては衰退しました。機能主義だけでは人の心は満足できず、色を自由に選んで楽しみたいからという説明もあります。

実際には視覚的な疲労軽減など、生理学的に検証できるものでは十分効果を発揮していますし、色彩調節以外にも、身近な色の使い方によって見やすさを高めているもの、例えば地下鉄の路線図、各路線の色を変えることで見やすいですよね。そんな色の効果は社会で利用されています。

家庭のインテリアでも、天上、壁、床の順

補色残像を見る

左の色をじっと40秒見つめた後、右の黒丸に視線を移す。左の色の補色が残像として見えますよ！

で明るい色から暗めの色に変化させたほうが、室内の安定感が生まれる。狭い部屋を広く見せたい場合は、床をダークブラウンにするより、ベージュ系にしたほうが効果的。強い色は広い壁には使わず、少量使いにするほうが失敗しないなど、明るさ・暗さ、軽さ・重さ、強さ・弱さといった、色の性格の使い方は研究され、様々なシーンで役立っています。

そんななか現在でも色の指南役を買って出ているのが、あの当時のカラーコンサルタントが活躍していた同じ分野、マーケティングでしょう。最近は脳の活動を見ることができる技術の進歩で誕生した、ニューロマーケティングも注目されていますが、効果測定が難しい分野でのアピール文句として、色も使われることが多いように見えます。

色にまつわる実験では結果が出ても、検証性や追試性、再現性が難しいので、結論をどこまで信頼できるかが問題となります。またニューロマーケティングなどは、脳内の神経細胞が刺激を受けて光ったからといって、それを都合よく「飛躍解釈」されることが多いといわれ、コンサルタントが提出する実験結果は、経緯も分析もまったくオープンじゃないと欧米でも問題視されています。

それはさておきあの当時、青緑の影を「カラーコンサルタントが」アドバイスして退治したのは本当で、当時は画期的な話題だったよう。中世ヨーロッパの錬金術師みたいに驚きをもたらす効果が、色にはあるのですからね。

4 緑の黒髪や嬰児と緑の関係は？

緑にまつわる言葉で、最近まったく聞かなくなったのが「緑の黒髪」や「嬰児《みどりご》（緑児）」という言葉。ヘアカラーの流行で髪色が変化し、古い言い回しも使われなくなるので、どうして黒髪が緑？　なぜ嬰児がミドリゴ？　と思う人は多いでしょう。

どちらも昔から使われてきた表現で、「緑」という言葉を使って「みずみずしい生命力」、命の輝きを象徴的に表した言葉だったのですが、その感覚、現在ではちょっとピンとこないかもしれませんね。

古代日本の最先端の文化は中国から渡来したもの。そこで輸入した漢字をすでに使われていた言葉にあてはめたり、漢詩などの文学的表現をお手本にして歌を詠んだり、また言葉の引用もしていました。引用元が中国文化だと理解できることが、当時は教養の証《あかし》だったのです。

色のとらえ方も現在の緑の領域は、古くは「あお」の領域としてまとめられ、独立していませんでした。そして日本にもともとあった言葉としての「みどり」が、大陸から入ってきた漢字で色の呼び名（色名）の「緑」と結び付けられ、「緑」の訓読みになったとされるのです。

さてあの「緑の黒髪」、この言葉のルーツも中国といわれています。

南宋の詩人陸游《りくゆう》が「一夕緑髪成秋霜（一夕で黒く輝く髪の毛が白くなった）」と「緑髪《りょくはつ》」という言葉でツヤツヤした黒髪を表現しています。そこから「女性のつややかで美しい黒髪」を表わすようになったというのです。ほかにも中国では古く紅（赤）と緑が対《つい》で「活力」や「美しさ」を表すとされ、緑単独でも美しさを生むことがあるようです。

そして「嬰児《みどりご》」。こちらも乳幼児の若く生命力にあふれている様子から「みどり児になったといわれます。

実はこの言葉、古来より日本は乳幼児を「みどりこ」と呼んで、「みどり」という言い方を使っていたことがわかっているんですね。というのも、正倉院に残る文書、そして『万葉集』、『大鏡』などの歌に「みどりこ」という言葉が使われているからです。

なかでも正倉院の文書では、「緑児」という文字があって、これは大宝律令《たいほうりつりょう》で3歳以下の子どもを「みどりこ」というよう定めていた時期があったためというのですから、なかなか興味深いですよね。何をイメージした言葉だったのでしょう。

写真：小川和夫／アフロ

やまとことばの解釈は諸説ありますが、「みどり」は初め、色ではなく植物の「若枝」や「新芽」のこと、つまり新しく生まれたばかりの（植物の）「状態」をさしたという説が一番有名です。『大鏡』では「年を経てまちつる松の若枝にうれしく逢へる春のみどり児」と詠まれ、この「みどり」は色ではなく若枝そのものであることも一例だといわれます。

さらに研究者によっては、この「新芽・若芽」と「みどりこ」の関係を、もう少しさかのぼって

『日本書紀』の「神代巻抄」に見ています。これは神さまが誕生するときのお話です。「古、天地未剖（昔、まだ天と地が分かれておらず）」から始まるのですが、天と地が何となく分かれたような、よくわからない状態で漂っているところに、「状如葦牙（葦の芽に似た感じ）」で最初の神が生まれたと記されています。この「神の誕生」の瞬間のイメージが植物に投影されているところ。ここに日本人の自然観、宗教観があるといえます。

こうした植物の誕生（新芽・若芽）と、神や人の誕生が同じような感覚で受け止められるならば、幼児が「みどりこ」になってもおかしくないということです。そうなるとやまとことばの「みどり」の、新芽が持つみずみずしさと生命力にあふれた状態、これも含めた「緑の黒髪」や「嬰児」への表現になっていくのは納得できそうです。

さて、命の力を感じさせる状態の「みどり」から「緑」へ。色の呼び名として次第に定着していくと、『古今和歌集』でも「常盤《ときわ》なる松の緑も春来れば今ひとしほの色まさりけり（一年中変わらない松の緑も春が来ればもう一度染めたように色が濃くなるんだなあ）」などと詠まれ、『万葉集』で使われることが少なかった緑の表現はだんだんと増え、今のような色を表す言葉として確立されていくのでした。そして現代。「緑」は植物や自然そのもの。私たちのイメージのなかでは、自然と色がすでに分離できないほどになっています。

ちなみに日本でみどりを表す文字は「緑」のほかにも「翠」や「碧」があり、これらも中国から輸入されたもの。

©Csilla Zelko/500px/amanaimages

「緑」が植物の色なのに対して、「翠」は羽という文字が入っていますね。これは「翡翠《かわせみ》」という鳥の羽のようなみどりで、クジャクなどにも見られる光沢のあるみどり色のことです。
そして「碧」はミドリともアオとも読みます。石という文字が入っていますが、みどりのなかでは鉱物など宝石にあるような硬さのあるみどり色。青緑のような色や濃く深い色にも使われます。こんなふうに色の表情で文字が違ってくるのを見ると、漢字ってやっぱりおもしろいなと思いますね。

5　緑の信号が冒険の旅へと誘《いざな》うわけ

緑の話題で必ず質問されるのは、なぜ信号機は「青」信号というのに色は「緑」なのか。なぜ緑の野菜や植物の葉を「青々とした」といって、いつも緑を青で表現するのかというもの。この問題、誰だってそう思いますよね。

緑を見ながら青と表現する感覚は私たちの日常で多く見られます。どれも日本人にとっての「色名」の成り立ちが関係しているのです。

そこでまずは信号の色の話から。信号機の色を最初に考えたのはイギリスといわれます。1830年代にイギリスの鉄道会社が信号機の色として何色が見やすいかを実験しました。その結果「白、赤、緑、青」の順だとわかったのです。

赤は危険の合図として使われていた色だったのでそのまま使用し、安全を伝える色は「白」を採用。それが信号機の色の始まりといわれます。のちに白は周囲の状況でほかの光と区別がしにくくなったり、赤のカバーが外れ白い光になって事故が起きたりしたので、赤と緑になったといわれます。

日本は1930年にアメリカから輸入した「赤、黄、緑」の3色の電気信号機が東京・日比谷交差点に初めて設置されました。当時は日本の法令上でも色は「緑」。ところがマスメディアが日常の感覚で緑の信号を「青信号」と表現し、この呼び名が広く国民的に共有されるようになったといいます。1947年には、それがあまりにも一般的な感覚だったため、法令上でも「青信号」と呼ぶことになり、信号機の色も緑より青に見える色にされています。

でもこれは国際規格としては特殊な話。光に関して様々な取り決めを行っている国際機関CIE（国際照明委員会）では、交通信号機の色を「赤、黄、緑」と設定しているのです。またJIS（日本工業規格）でも「安全色彩使用通則」で赤は「防火、禁止、停止、高度の危険」、黄は「注意」、緑は「安全、避難、衛生、進行」、青は「指示、用心」となっているので、ヒトが入口から逃げるピクトグラム（絵文字）が配された誘導灯は緑ですよね。

こうした色の使用通則からいっても何やら信号機だけ不自然ということがわかります。ところが日本の日常は、緑色の野菜を「青物」、緑の葉は「青葉」、緑のカエルも「青ガエル」と呼び、違和感なく私たちは生活しています。これほど緑を青と呼ぶことが浸透している日本。信号機の色を当時のマスメディアが「青信号」と呼んだとしても、それに「アオシンゴウ」と「ミドリシンゴウ」ではゴロのよさもあるし、仕方なかったかもしれませんね。

この緑と青の呼び方の関係ですが、日本の歴史的にはとても古い習慣なのです。やまとことばで「みどり」は漢字「緑」にあてはめられ、ここで初めて色の名前になりましたが、実は平安期以前は「あお」が青い色のほか、緑、灰色や薄い色などを表す色の呼び名でした。ずいぶんと青の範囲が広いでしょう。

当時詠まれた歌で「みどり」が少ないのは、植物の色が青と呼ばれていたからです。

「青山を横切る雲のいちしろく我と咲《え》まして人に知らゆな(青々とした山を横切る白い雲のようにはっきりと私に微笑んだりして　二人の関係が人に知られないようにしてよね)」大伴坂上郎女《おおとものさかのうえのいらつめ》

「振分《ふりわけ》の髪を短《みじか》み青草を髪にたくらむ妹《いも》をしぞ思ふ(まだ結うには短い子どもの髪型をして青い草を髪につけている、あの愛おしい子、彼女のことを考えちゃうな)」よみ人しらず

この『万葉集』の歌でも、緑の山や緑の草を「青」と表現していて、青の範囲に

緑が含まれていることがわかります。

反対に平安期の文学で空は「みどりの空」という表現がしばしば使われています。その解釈は諸説ありますが、感覚的に緑と青の境目があいまいだったことが伝わってきますね。

そんな古くから緑を青と表現していた文化があるのですが、これを緑と青の「混乱」と、ヨーロッパでは日本人の色に対する未熟な感覚とする説もありました。

©Photo Scala, Florence/amanaimages

でも実は青と緑をひとつの言葉で表している言語は、世界中でとても多いことがわかっているのです。ただこうした青と緑の関係は、アジアやアフリカ、中南米などで見られ、ヨーロッパ言語では、青と緑の言葉はほとんど混じり合わないといわれます。

さて、ここにある仮説があって、私たちの肌の色は人種によって違いますね。それは紫外線に対応するためのメラニンのせい。この成分によって肌の色、瞳の色が異なってきます。

そこで黄色人種などメラニンの影響で瞳の色が暗い人種は、白人種と比較すると青や緑への感度が下がるのではないか。この瞳の感度のせいで緑と青の境があいまいとなり、色の命名の範囲に影響が出てくる「ひとつの要因」になるのではないか？ 1973年にマーク・H・ボーンスティンによって発表されたこの仮説は、色の命名についての調査など、文化人類学の研究をしていた関係者から絶大な支持を受けました。ただこれは仮説で、結論づけられているのではありません。

人間は光の波長の違いを色の違いとして感じているので、光は物理学で説明できます。でも色が見えるということは、入ってきた光の情報をどのように受け止め、感じるのか、とても主観的（個人の感覚的）な問題なのです。

これは認知心理学をはじめ精神物理学、進化心理学、さらにどう受け止めていかに命名するのかとなると、言語学、文化人類学など、いったいどこまでどの知識を使ってどう研究していくのか。それはまあ広範囲の知性を集結させる必要があるのです。

そう、青信号がなぜ緑かを考えただけで、知識の総動員、世界中の歴史と文化と科学を通して人間そのものを捕まえにいく冒険の旅ができるというわけ。あら、楽しい！

でも、こうしてただひとつの色を考えただけでも、異なる文化や文明を理解するということの難しさ、それを私たちは知るわけです。色の世界は奥が深いですね、本当に。

6 緑は人を超えた聖なるものの象徴

緑という言葉と植物を関連づけて使う現代ですが、その感覚は、古くからだと思われます。古代の人々が植物には神聖な力があると感じて信仰対象にしたとき、その霊力は緑の色そのものにも関連づけられました。それは、マヤ文明で尊ばれた翡《ひ》翠《すい》のように、緑は植物と同様の不思議な力があると信じられてきたからです。

例えば古代エジプトのナイル川のほとり、季節による草木の変化です。冬、枯れて死んでしまった植物が、春、再び緑の芽吹きが起こり生き返った（と見える）様子から、人間と同様の死と、人間とは異なる復活の神秘に驚き、超越的な存在や聖なる力と結び付けました。

古代エジプトのオシリス神も、もとは豊穣の神だったのが、死後の世界からの「復活に関わる存在」として冥界《めいかい》を統治するようになったといわれ、その肌の色は緑です。この死後の復活は、当時の人々にとってとても重要だったため、発掘された多くのミイラと一緒に収められたマラカイト（孔雀石《くじゃくいし》）が見つかっていますね。実はこの緑の石マラカイトには色々な効力があるんです。

アイメイクとして使うと、穴から入り込むと信じられていた悪魔除けになるとして、ミイラの目のまわりにも施されたといわれます。そして復活をかけた死者がオシリス神の前に立たされるとき、緑の石がお守りになると考えられたのです。

植物の芽吹き、成長、衰退、死というサイクルは、人間にも当てはまりますが、唯一、翌年また芽吹く「復活」だけが異なります。そこにあやかるには最もわかりやすい象徴である「緑」の色の力が必要だったのです。

死と復活は永遠にそのサイクルを続けていきますが、死すべきときに死なず、不老不死を永遠に体現する植物もありました。それが常緑樹です。一年中、緑の葉の色を保つ常緑樹は、寒い地域や雪のなかでも枯れることなく凛《りん》としてたたずんでいる、それは神に選ばれた存在だと古代人は考えたのです。

こうした「死と再生」や「不老不死」など「霊力を持つ植物」という受け止め方は世界中の文明で生まれ、それが植物信仰、常緑樹信仰となって、日本でも仏教伝

マラカイト
©Science Photo Library/amanaimages

©Photo Scala, Florence/amanaimages

来以前から根づいていました。古くはあのヤマトタケルが戦いの旅先で病に倒れた死の間際、故郷を思って詠んだ歌があります。

「命の またけむ人は たたみこも 平群《へぐり》の山の 熊白檮《くまかし》が葉を うずに挿せ その子（命がまだある者は、幾重にも連なる平群山の〈魔除けとして役立つ〉カシの木の葉を髪に挿していくがよい、若者よ）」

この歌に登場するカシも常緑樹。神話にも常緑樹の力が謳《うた》われるのですから、その古さがわかりますね。

私たちの日常でも意外に多くこの常緑樹の伝統は残っています。神棚がある家は減りましたが、そこに供えられる「サカキ（榊）」、これも常緑樹です。名前の由来は諸説あり、神と人の世界の「境の木」

という説や、「栄木《さかき》」や「賢木《さかき》」と神聖な木の呼び名という説などですが、このツバキ科の植物がない地域では、ほかの常緑樹が使われています。

聖なる木は神と人の世界を区切ると同時につなげる存在で、この常緑樹のあるところに神はやって来ることができる、つまり依代《よりしろ》となるわけです。だから一年の幸福を年の初めに持ってきてくれる「年神さま」は、お正月の門松などが依代となって降臨。ここでも松など常緑樹が使われていますね。

そして2月の節分でもヒイラギが出てきます。葉先がとがっている常緑樹はより魔除け、厄除けなどの効力が高いと思われ、鬼を防ぐことになるのです。

そして3月。桃の節句に常緑樹はないでしょ、と思うかもしれませんね。いやいや、雛飾りのなかにはタチバナがあります。タチバナは日本固有の柑橘類。『古事記』や『日本書紀』では垂仁《すいにん》天皇が常世《とこよ》の国（海外）に人を遣わせ、10年の歳月をかけて持ち帰らせた不老不死の霊薬が「非時香菓（ときじくのかぐのこのみ）」と記され、あのタチバナだったとの説もあります。

でもタチバナが日本固有の植物なら、持ち帰った霊薬がタチバナだったというのはちょっと変ですね。何にしてもこの木が家紋にもしばしば登場するのは、常緑樹の生命力にあやかるためといわれます。雛飾りでは不老不死に加え、タチバナが実をつけることから豊穣祈願や子孫繁栄にもつながる要素を持ち、さすが女の子のお祭りです。

　そんな植物の霊力、死と再生や不老不死の象徴だけでなく、作物の豊穣祈願や子孫繁栄、さらに香りやその成分で実際に薬として病人を救うなど、現実的ご利益も含め、霊験あらたかな存在として日本人の感覚に長く存在し、受け止められてきたと思われます。

写真：石井孝親／アフロ

　一方日本が文化を輸入した中国で常緑樹の代表はマツやカシワといわれます。マツは鶴と組み合わせ長寿を願う吉祥画、不老不死のめでたい植物。カシワは忠誠などを表すといわれ、神につながる神聖さとは少し異なるようです。

　日本の伝統行事は中国にならったものが多いのですが、あのお正月の門松などは、実は日本独自のもの。つまり常緑樹が神の依代になるという考えは、日本古来の古神道によるといわれます。

だから緑は日本人にとって、人間を超越した「自然」そのものの大きな力。魂も含めて、空間のすべてに神聖な力が宿り、私たちはそうしたものに囲まれて生きている、そんな感覚でしょうか。あの『日本書紀』の「神代巻抄」で見たように、植物の芽が出る様子になぞらえた神の誕生描写は、日本人の世界のとらえ方、心象をよく伝えていると思います。

無宗教といわれる今の日本ですが、自然の「場」、空間にも神聖さを感じ、パワースポットブームにつながっていますね。日本の古代の感覚が消えることなく生きているのです。

また地形環境として山や森林が多いので、身近な草木、常緑樹、さらに巨木や森林、山など、植物への信仰、自然崇拝が多様な国です。

縄文時代には、巨大なクリの木の存在で食料を確保し安定した生活ができていたともいわれ、巨木信仰が見られます。そのなごりは神社やお寺の太い柱といった建築様式に現れているとの説も。そういえば日本三大奇祭のひとつ、長野県は御柱《おんばしら》祭《まつり》。これも巨木信仰のなごりでしょう。山からやはり常緑樹であるモミの巨木を16

本切り出し、諏訪大社にご神木として建てるというお祭りです。

木を切り出すずっと前から山中では、ご神木として太くまっすぐな美しいモミの木を選び、その木にしめ縄を巻いて祭りの日を待つのです。まあ個人的にはこの様子がちょっと生贄《いけにえ》にされる美女みたいで、何だか思わず抱きしめてしまった記憶もありますが、これも多神教のアニミズム感覚。そしてこうしたアニミズムがあるからこそ、樹木信仰、自然崇拝が成り立つともいえるんですね。

写真：読売新聞／アフロ

そんな自然とのつながりが深い日本人にとっての緑は、西洋で考えられている緑の象徴と少し違っているように思うときがあります。なぜかというと、描画の色を見るとき、欧米でいわれる緑の解釈に違和感をもつことがたまにあるからなんですね。その問題を考えるためにも、次に欧米の緑を考えてみましょう。

7　クリスマスは誰のお祭り？

日本ではキリストの誕生日、クリスマスを盛大に祝いながら、仏陀《ブッダ》の誕生日である花祭りはほとんど行われません。まあイベント戦略からいえば、仕方ない結果でしょうか。

大きなモミの木に色とりどりの華やかなオーナメント。サンタクロースという魅力的なストーリーと楽しみなプレゼント。そして家族で囲む温かな食卓。恋人たちにとってはその世界を2人で過ごすロマンチックなイベントとなり、クリスマスは子どもから大人までみんなが味わえる「幸福」のシンボルです。

そのクリスマスの中心にあるクリスマスツリーやクリスマスリース。おしゃれ感こそ違いますが、これは日本の門松や松飾りと同じ常緑樹信仰が起源です。でも一神教のキリスト教にあって「自然の神」が降臨する常緑樹信仰ですから、よく考えると本来両立しない構図。変ですよね。ということでクリスマスから出発する、西洋の緑のイメージを探ってみましょう。

さてイエス・キリストの誕生日といわれるクリスマス。でも実は、キリスト生誕の日の記録はありません。最初は「誕生したことを祝う日」という設定だったといいます。とにかく、この日をどうしてもキリスト教の「何かの日」にしたかったのです。そのわけは布教。異教徒をキリスト教に改宗させるためです。

クリスマスの起源は、実は世界中の多神教が行っていた「冬至《とうじ》」の行事です。古代ヨーロッパの各民族もこの時期はそこいらじゅうでお祭りでした。それをキリストの誕生日に結びつけ、祈る相手はちょっと違うけど祭りはそのまま行える、だからいいよねという感じの懐柔《かいじゅう》作戦。ほかにも土地の祭りをキリスト教の何かに結びつけ、スライド式に移行。お祭りは存続させ意味だけ変化させることで布教がしやすかったというのです。

布教活動に拍車がかかった背景には、ローマ帝国がキリスト教への迫害をやめ、その組織力を利用して、広大な国家の求心力を回復しようとする政治的思惑が大きく影響したと考えられています。弾圧に耐えたキリスト教徒の団結力が、政治と結びつき、世界を圧巻していく歴史が始まったのです。

さて樹木信仰や常緑樹信仰は、あらゆる古代文明に見られる自然崇拝の一端。太陽も含めて自然そのものの営みに人格が与えられ、人が生きるすべてにかかわる神なのです。

　でもこれは布教で広がった宗教的心象ではなく、自然に対する畏怖《いふ》と畏敬から自然発生したもの。古代の人々には、自然を通して世界を理解するための当たり前の感覚だったのでしょう。そんな世界のとらえかたから、常緑樹に永遠の生命をみて、豊作祈願、出産、病気回復から始まり、良きことの到来、悪しきことの回避など、人生の問題すべてを祈っていたのです。

　自然への信仰はヨーロッパ地域でも多様に展開されていました。それもそのはず。この一帯は巨木を蓄えた広大な原生林地域。神聖な力を宿す場として、森信仰などが生まれるのは当然の流れだったのです。なかでもケルト人とゲルマン人の聖なる森の樹木信仰は有名ですね。

　ケルトでは、冬でも枯れないヤドリギが寄生したオーク（樫の木）を最も神聖な樹木として信仰していましたが、オークはゲルマン人にも信仰されていました。さらにギリシア神話の最高神で天空を司《つかさど》る神ゼウス、ローマ神話ではジュピターのシンボルに。偉大で神聖な木だったのです。

　一説には高木で落雷にあいやすいことが神の降臨の場、つまり依代に見えたのだといわれます。天から爆音とともに光が何かを目指したように落ちてきたら、不思議な神の印と思う、その気持ちはわかりますよね。

多くの古代世界に誕生した自然への信仰心は、ヨーロッパでも同じこと。植物、特に不老不死に見える常緑樹を、神のような霊的存在として受け止めていました。そのため常緑樹であることに加えて、丸い形や寄生という空中で生まれ育つヤドリギは、より神秘的なものに感じられたのでしょう。

©SHINICHI SASAKI/SEBUN PHOTO/amanaimages

これもまた古くから信仰されてきたものなんです。今も欧米に残る「ヤドリギの下で出会った男女はキスをしなくてはいけない」なんてロマンチックな言い伝えも、この豊穣にまつわる常緑樹信仰。

またクリスマスではそのヤドリギやヒイラギのリースが使われますが、リースはギリシア神話時代から、神々の霊木など常緑樹で作られ、祝福の冠《かんむり》、儀式や魔除けとして飾られ、その文化がローマ人にも受け継がれたという説があります。

樹木信仰は巨木信仰につながり、さらに巨木の枝を折って霊力を移し、それを儀式に使うことも行われていました。クリスマスリースも、そのひとつの例。またクリスマスツリーも巨木ではなく、手ごろな大きさの神聖な木を伐って持ち帰るというのが共通する形なので、これも巨木信仰の流れといわれます。

ツリーの起源は諸説あり、ゲルマン人の冬至の祭りのための飾り、冬至に太陽神の化身である炎を生む薪にするため、戸口に立てるため。またヨーロッパのスラブ系民族では、やはり冬至の祭りのための飾りつけ説など。

似たような祭りと樹木との手続きは、ヨーロッパの各多神教に見られるので、ツリーの起源も様々です。恐らくは当時の多くの土着宗教の儀式を取り入れて意味づけられ、だんだんと形を整えていったのがクリスマスツリーだと考えられます。

またサンタクロースも土着信仰が起源といわれ、もとは子どもにプレゼントをあげる多神教の妖精。それをキリスト教の聖ニコラウス伝説に結びつけたという説。

あの豊かで楽しい食卓も、冬至に現れる死者の霊や悪魔のために、たくさんの食べ物を用意しないと悪いことが起きるという習わしだったとか。だいぶイメージが違いますね。

ちなみに現在のクリスマスリースで使われる一般的な色の意味は、赤：キリストの流した血の色。緑：永遠の命や神の永遠の愛。白：純潔。金：キリストの誕生を知らせるベツレヘムの星。そう言われていますが、あとからキリスト教的な意味を加えたものだったでしょう。

マイスター・フランケ《キリストの降誕》
提供：Bridgeman Images/アフロ

さて、教義としてより重要な「イースター（キリストの復活祭）」や、ヨーロッパではとても楽しみにされる「五月祭」。これらも春の女神、夏の女神へ豊穣・豊作を祈る祭りが起源。どれも今ではすっかりキリスト教のお祭りになっていますね。そしてこうした習慣が、いかに常緑樹信仰に彩られているかがわかります。

色々な懐柔作戦で信仰を移行、合体させようとしても、なかには改宗しない民族やグループもいました。そのため今度は強硬手段や圧力をかけて改宗を狙っていきます。有名なものではゲルマンの聖なる森の最も神聖な大樹の話。キリスト教徒の間では、生贄の風習が人々を苦しめているので、牧師が「悪魔の大樹」を切り倒し、キリスト教に改宗させ、皆を幸せにしたというもの。歴史的真相はわかりませんが、それぞれの思いが交差したのは確かだったと思います。

こうしてクリスマスをはじめ、キリスト教の習慣やストーリーには、それ以前の「自然崇拝」の気配が色濃く残されることになったのです。

はい、ここでやっと「緑」。つまり太古の原生林という地形のなかで営まれていた、自然と人間の「関係」を切り離すことは宗教であっても難しく、キリスト教に改宗しても、植物や緑を信仰していたときの名残が、今なおはっきり示されているというお話。

だから人々にとって緑は、やはり心休まる存在で……としたいところですが、そうはいきませんでした。中世キリスト教にとっての緑は、別の形で人々の心に深く影響を与えることになるのです。

8 緑を汝の敵と思うなかれ

最初にあれ？　と思ったのは、だいぶ前に子どもの描画研究について書かれた本を読んだときでした。

アメリカの研究者マーヴィン・レボヴィッツが子どもの絵に使われた緑について「成長」や「金銭」が連想されると記しているのを目にしたときです。緑が金銭？　これは日本の子どもには出てこない感覚だなと思ったわけで。

時代や国が違っても、色に「共通の象徴的意味」があると、そこに普遍性をみます。でもこの報告のように、分析者の読み解き方という可能性もありますが、国によってイメージが違う場合は、色をとらえるうえで要注意。何が背景にあるかを考えるべきなんですよね。

そこでこの緑と金銭の話。アメリカで「緑から金銭をイメージする」というのは、ごく一般的な発想か？

イエス。お札の色でした。

南北戦争時代、戦費の必要に迫られた政府があわただしく発行したドル紙幣の裏が、緑で印刷されていたため（現在は両面）、今でもドル紙幣を「グリーン・バックス」、時にはただの「グリーン」と呼ぶんです。このとき緑が選ばれた理由は、白黒写真技術しかない当時の偽造防止策だったといわれ、また安価でインクが大量に入手できたという話もあります。

そう、子どもだってお札は見ています。親が何を大事にしているか観察しているんですね。だから子どもの絵で、緑が金銭に結びつく表現として出てきても、アメリカなら不思議ではないわけです。

この緑のイメージは、例えばカジノのルーレットやバカラのテーブルなどが緑なので、そこから緑と賭博《とばく》、緑とお金がイメージとしてつながったという説もあります。どこかで「精神的に集中しやすいよう賭博の台が緑になった」と説明していましたが、その説明は間違い。

なぜならヨーロッパで賭博のテーブルが緑なのはすでに16世紀からといわれ、この時代は魔女狩りが盛んになり始めたころ。そんな時代に緑に「精神的集中」なんて発想はまったくないはずですからね。ハズレです。

とにかくこうやって緑のイメージの一部が日本と欧米ではズレている、そう考えて見渡すと、ほかにも色々と違いが出てきます。

例えば英語で be green with envy《エンヴィー》は「とても嫉妬する」という意味だし、古くはあのシェークスピアも嫉妬心を green-eyed monster《モンスター》や green-eyed jealousy《ジェラシー》と緑で表現しています。

フランス、ドイツ、イタリア、オランダ各言語でも、緑を「若い」とか「未熟」というのは（日本では緑を青に変換していますが）同じ。こうしたイメージが同じということは、「緑に植物を見ている」といえるでしょう。ところがこれらの言語でも、緑は「嫉妬」や「怒り」につながる意味を持たされています。これは明らかに日本とは異質。

また緑はすべての色のなかで一番不吉な色という迷信が欧米にはあります。演劇界では劇場に緑は使わない、また衣装として緑を着るとその役者や劇に不幸が訪れる。花嫁のウエディングドレスに緑はご法度《はっと》、不幸になる。手紙のインクを緑にすると悪いことが起こる（決闘状のインクの色だった）などなど。

こうして緑は中世から不吉や悪魔の色となっているのです。でも若さや幸運など古代からのイメージも残っており、そのどちらにもなってしまう両義的な性格から、偶然や運命を象徴する色になったとされます。このため人間にとっては不思議な色です。

ああ、だからコミックや映画の「モンスター」たち、超人ハルク、シュレック、モンスターズ・インクの登場者たちは「緑」になるわけなんだね？　そうか、なるほど。

なんて納得してはいけません。なぜ欧米でモンスターの色になるほど、緑が不吉な色として受け取られるようになったのか。日本人から見たら、不思議な感覚じゃありませんか？

ほら、古代ヨーロッパで常緑樹の緑には聖なる力がありましたね。同じ自然崇拝、常緑樹信仰を持ちながら、不吉さは生まれなかった日本。一方ヨーロッパでは不吉さが混在した。この事実、気になりませんか。

さて、ここで考えられる要因は、やはり文化に大きく影響を及ぼす「宗教」といえるでしょう。中世キリスト教の教義では、当時多くのことが規制されていました。まず「混ぜる・かき回す、融合させる」といったことは、神がすべき「創造」につながる行為、または神を偽る行為になったようです。そのため嫌悪され、規制されたというのです。

さらに経済の大きな柱となった染色業はとても厳しく管理され、色によって作業は赤を染める集団、青を染める集団といった具合に完全に分業、分離されていました。

ヴェルサイユ宮殿の平面幾何学式庭園

でも緑は単一では美しく染めることができない色で、黄と青の染料を使えればいいのですが、この状況では不可能。さらに混ぜる行為は神への冒涜《ぼうとく》だから、そもそも考えられない。こうしたことから質の悪い単一染料で染められた緑は、すぐに色褪せ灰緑色に変化してしまうものでした。

つまり季節で「変化してしまう」ような自然と同じ、日常でもすぐ「変化して薄汚い色」になる、それが当時の人々にとっての緑だったのです。

そんな不確かさ、不安定さは、キリスト教以前では豊穣（人間ならば結婚や出産、豊かさや幸福）の色だった緑を、「変化の象徴」として、不貞や浮気の色に転換させました。こうして悪しき色へと変わったのです。宗教的規制がなかった日本をはじめアジアなどでは、藍と黄色の染料を混ぜた美しい緑が日常に溶け込んでおり、この違いは大きかったと思います。

もちろんキリスト教世界でも、自然は神が人のためにお創りになったものとして、古代の自然観を定義しなおし、改めて文化のなかに取り入れていきます。ちょうど日本庭園が、自然をそのまま取り入れる、または再現するのに対して、ヨーロッパ庭園は、左右対称・幾何学的形に人が「造って」整えていきますね。自然への接し方、楽しみ方が違う、この差が宗教の差といえるのです。

ということで、「古代ヨーロッパの常緑樹信仰で神聖な色として崇められていた緑」が、「中世キリスト教の教えから、不吉な色、不安定な色になった」と言っていいのでしょうか。いや、それもひとつですが、もっと大きな心理的背景があると、そんなふうに考えたくなるんですよね。

だって緑への感情は単に「ネガティブ」というより、やけに大きな「不安」をはらんでいるじゃないですか。「嫉妬や怒り」は「被ったら怖いもの」、ですよね。何だか妙な陰湿感が漂っちゃって。

　これはやっぱり緑という色が、キリスト教を脅《おびや》かす多神教、「自然の神々の力を象徴する色」だったからではないでしょうか。

　森や樹木などに、神聖な神の存在や霊力を感じてきたヨーロッパの人々は、一神教になったあとも、まだ神秘の力が森に存在しているという感覚を拭《ぬぐ》えなかっただろうと思うのです。森は広大で深い。長い間開拓が難しい場所でした。多神教の神々を抹殺して改宗したからこそ、すぐ近くにある森には、その怒りや呪いが充満しているように感じていたんじゃないかと思うのです。それは怖かったでしょう。

©AKIRA/orion/amanaimages

　しかも神から与えられた自然といわれても、実際には四季の移り変わり、日照りや豪雨と、決して人間には従わない事実がありました。古代の霊力を維持し、怒りを持った緑は、人を誘惑する悪魔の色として、また運命を翻弄《ほんろう》する役目を持った色として、人間のすぐそばにあり続けていたわけです。

だから緑には不安が付きまとう。そう考えたら、ヨーロッパ各言語が持ち続けたあの妙なネガティブさ、不安に覆われた緑への感情がわかる気がするんですよね。

ほら、ヨーロッパの昔話は森がいかに怖いところかをとてもよく伝えていますね。「ヘンゼルとグレーテル」、「赤ずきんちゃん」、「ウィリアム・テル」。魔女が住み、人をたぶらかす魔物がいて、森に住んでいる者は信じられない。異端者を守る森は、悪魔のすみかか多神教の復活をたくらむ禁じられた場所なのです。いつか悪魔は地下に居場所を移しましたが、中世以降もキリスト教信者の心の奥から、緑の不安を払拭《ふっしょく》することはどうにもうまくいきません。

緑に対して兄弟のように感じる民族と、揺らぐことが許されない一神教徒の緊張感から、緑へ複雑な思いを抱える民族。

今では自然や緑の美しさ、大切さは、世界中の多くの国が感じる時代となり、限りあるものとして、保護する存在になっているのはご存じの通り。常緑樹信仰がすっかり忘れ去られた時代になって、欧米の言葉には残ったものの、緑への不安はやっと消えていきました。とうとうあの森の呪縛から解放されたのです。

ところが今度は人類が「自然を失ってしまう」という不安にさらされる時代となりました。これは何とも皮肉な話じゃないでしょうか。

第5章

青

1 映画から知るヨーロッパの青と民族

青は「世界中の人から好まれる色」といわれ、日本でも好きな色のベスト3に。子どもでも、男児は青好き、女児はピンク好きといわれますが、実はピンクと並んで水色を好むのです。

古くは1941年に心理学者ハンス・J・アイゼンクが26人の研究者の調査などを集計して、世界2万1060人分のデータを分析した結果、色の好みの順位は「青」、「赤」、「緑」で青がトップ。青好きは「多くの民族で一致している」と結論を出しています。でも色のニュアンスが変われば、濃い青より淡い緑が好きという人が多くなるかもしれません。そんな事情を踏まえて1940年アメリカの心理学者ルース・B・ギルフォードが、色としては緑から青にかけてが好まれ、黄色周辺で嗜好レベルが低くなる。また明るい色や鮮やかな色が好まれると述べています。

1995年の千々岩英彰先生の世界的調査でも、諸国で一番好まれる色が青という結果に。やはり青については概ね共通しているといえるでしょう。

青のイメージは、海や空、水の体験から冷たい、さわやか、遠いような感覚が生じ、そこからクール、沈静、さらに知性や信頼につながるようです。その冷ややかな感触がもう少し発展すると孤独、悲しみ、憂鬱《ゆううつ》など。キリスト教圏では青に献身、誠実、愛情、信仰などが加えられ、これは聖母マリアの衣の色が青で表現されるためといわれます。社会で作られた色のイメージですね。もっとも宗教に関係なく、そうした言葉に違和感を覚えさせない、青が持つ清々《すがすが》しさが影響しているかもしれません。

そんな愛される青もヨーロッパの歴史上では嫌われた時代があるんです。

例えば古代ローマ人にとって、青は卑しい色だったといわれます。理由のひとつはローマ人に抵抗し征服を阻む異民族たち。ケルト系、ゲルマン系民族が使った色だったからです。古代スコットランド東北部の異民族で「からだに彩色する人」を意味する「ピクト人」は、全身青い刺青《いれずみ》をした恐ろしい「野蛮人」と考えられ、その怪物のような「想像図」も描かれました。また『ガリア戦記』でカエサルは、ケルト人など異民族が相手を威嚇《いかく》するため、戦いのときに「からだを青くぬる」と記しています。

そういえばアカデミー作品賞など5つも受賞した『ブレイブハート』という古い映画。スコットランド独立のために戦った実在の人物をモデルにしたそうですが、その映画のヤマ場で主人公が顔に青い色をぬって戦うシーンがありましたっけ。この時代のヨーロッパではウォード（タイセイ）という、青があまり強く出せない藍の色素を持つ植物を使っていました。のちに濃く鮮やかな色が出せるインド藍に押されヨーロッパから消えそうになる色ですが、映画で使われた青が、空色のような色で紺じゃなかったのは正しいのです。時代考証ちゃんとしてる！

あのカエサルが書いた「相手を威嚇する青」は強い色で威嚇するのではなく、「幽霊のように感じさせる色」で恐れさせた、つまり灰色がかった青ともいわれます。美しく強い色が出にくいウォードが、それにはちょうどよかったのかもしれません。そしてこの青こそ、ローマ人が蛮族の色として嫌った青でした。

さて言語から見るとblueという単語は古い時代の英語にはなく、この周辺の色はgreenとして表されたようです。それが中期英語時代になるとフランス語から借用した形で青を表す単語が登場。ローマ帝国の公用語であるラテン語系列に属する古いフランス語すら、青を表す単語はラテン語ではなく、西ゲルマン語、つまりウォードをよく使っていた民族の言葉に由来するといわれ、さらに前時代のギリシアでも、青は異民族の色で、その色を表す単語も曖昧《あいまい》だったといわれます。

アジア・中近東から輸入した青の顔料もありましたが、青への抵抗感があったせいでしょうか、美しい色を作り出す技術がヨーロッパでは発展せず、薄汚れたような青しか出せなかったのではよけいに人々の印象は悪かったでしょう。つまり古代ギリシア・ローマでは、彼らに敵対する民族が主に青を利用していたため不人気の色で、発色の技術も追求されなかっ

©Granger / PPS通信社

たというわけです。

やっぱり色のイメージは、まず身近に美しい色があるかどうか、生み出す技術がその時代にあったかどうかも問題。そしてその色をどのような状況、環境でよく目にしたのか。こうしたことが印象に大きく影響するわけです。

だからあの古い映画を見たら、イングランド人より主人公のケルト人に共感して、褪せた「空色」も恐ろしい色ではなく、誇り高き色に感じて好きになる。ほらね、どういう状況で色を見たかによって嗜好に影響が出る、これを証明してますね。

2　青信号になったら

「ウチの小太郎は本当にお利口で青信号がちゃんとわかるんです」とある家族から小太郎くんを紹介されましたが、果たして本当にわかっているのか。いや、わかったというより2歳の柴犬は本当に「色が見えて」いるのでしょうか。

ちょっと生物の進化の歴史も含めて「色を見る能力」について考えてみましょう。

色が見える、つまり色覚があるのは哺乳類でも霊長類の一部、鳥類、爬虫類、両生類、魚類、これに昆虫の一部といわれています。おっと、ここでもう小太郎は脱落か。

でも色が見えていないかというと、そうではありません。少し前まで動物の色覚は一般に誤解されていました。

例えば闘牛の牛は赤い色を見て興奮して闘牛士に突進するという話、それはウソ。人間と同じように色が見えているわけではありません。あれは空腹にされ、さらに場内に出す前につつくなど刺激しておき、入場したときにはすでに大変な興奮状態。そんな牛が布をヒラヒラさせている闘牛士を見て、大歓声のなか、よけい興奮して突進していくという仕掛け。色のせいではないのです。

また動物に色はまったく見えておらず、白黒しかわからないという話、それも違います。とても簡単に説明すると、哺乳類は明暗に反応する視細胞と色に反応する視細胞の2タイプを持っています。霊長類の一部、ヒトやチンパンジーなどは色に反応する視細胞が3種類。柴犬の小太郎をはじめ、ネコ、ウシ、ウマなどほかの哺乳類では2種類。この差のせいで私たちが感じるカラフルな世界とは異なる色のなかで小太郎たちは生きているのです。では小太郎の世界はどんなでしょうか。

どうやら青と黄色はだいたい人間と同じように見え、それ以外の赤、ピンク、オレンジ、緑などの判別は難しく、私たちにとっての「茶系の濃淡」に感じているようです。

つまりヒトと同じ色の世界に生きてはいませんが、彼が青信号になって進むのは、赤信号と（実際の色は緑の）青信号、この2つの信号を茶系の濃淡で判別し、理解しているのかもしれません。そしてもし、文字通り青信号の色が青だったら、家族が証言するように「赤と青の色の違いを理解する」お利口さんかもしれませんね。

こうした色を感じる視細胞については、ヒトと同じ脊椎《せきつい》動物の仲間で、先にあげた鳥類、爬虫類などは4種類が中心。途中まで同じ先祖だった哺乳類は一部を除き、多くは2種類。この差は進化の過程で哺乳類が夜行性に追いやられ、4種類あった視細胞の2種類を失ったせいと考えられています。確かに、暗闇でたくさんの色を識別できても生存率をあげる効果はなさそうですからね。

それにしてもこの変化、哺乳類全体に広がったわけですから、自然の力って恐ろしいくらいに合理的です。でもそうなら、哺乳類のなかでヒトなど霊長類の一部は、なぜ失って2種類になったはずの視細胞を、現在3種類も持っているのでしょうか。そのことを考えると人類の繁栄の理由が少しだけ見えてきます。

まず哺乳類は恐竜全盛期、眼の位置がネズミのように顔の両側にありましたが、約5000万年前に、樹の上で暮らしていた一部の原始的なサルのなかから、眼の位置が正面に進化したものが。正面にあると立体視ができて、木の枝から枝へ移動するときの距離感がつかみやすくなるのですね。これで生存が有利になった種が出てきたわけです。

時代は数千万年下り、地球の環境変化で寒冷化が進み、約3300万年前に眼球を固定し安定させた視力向上種が生まれます。寒くなって果実などが減る厳しい環境では、固定した眼ではっきり世界が捉えられると、食糧を少しでも早く見つけられ有利でした。さらになんとあの夜行性時代に失った色に反応する視細胞を、新たにひとつ作り出し、3種類にしたメスの霊長類が登場したのです。それが私たちの祖先です。

この視細胞1種類を再度獲得したことで、今の私たちが感じるような色のバリエーションが生まれ、世界の見え方は一変。青と黄色、茶色から成る単調な世界が、たくさんの色を見分けて、あらゆるものの細かな違いがわかるようになったのです。

競合するほかの種より少しでも有利になるための必然と偶然の進化。だから霊長類のなかでも「一部」という結果だったのでしょうね。

ところでこの復活した1種類は赤に反応する視細胞です。その理由として、少ない果実を少しでも早く探すためという説が一番有名ですが、食べられるすべての果実が赤いわけではないという問題があり、ほかにも果実の代わりに濃い緑のなかから食べられる明るい黄緑の若葉を見つけ出すため。あるいはこの時代の若葉は黄緑ではなく赤だったという若葉説。食糧の獲得ではなく集団のなかで特に生殖に関わるような相手の肌（生殖器など）の色の変化を見るためという説など、さまざまです。どの説にしても多くの色を見る能力が重要だったということは変わりません。

生物の進化を見ると、カンブリア紀の軟体動物のなかから、突然「眼」を持つ生き物が登場して以来、眼を持つ生物はその優位性で多様化を進めてきました。哺乳類もその一種ですが、ヒトに至っては精度が上がった視覚での食糧の獲得以外に、集団のコミュニケーションに変化が起きたと考えられています。

視力がいいと相手の表情が読め、個体の識別もできるから。そのことで互いを認識した強い関係性が作られ、さらに複雑な集団行動が取れるように。この複雑さが脳の進化を促進させ、種の繁栄に大きく役立ったと考えられているのです。

そう考えると人間にとって、眼がよく見えて色を識別できる能力は、現在に至るための重要な条件だったわけです。だからこそ「見える」能力を十分に活用できる色からの情報は、人類の運命に大きく影響を及ぼしたと考えられますね。

さて、人間の色に反応する視細胞は3種類だと言いましたが、実は4種類型の女性が数人確認されています。彼女たちは普通には見ることができない紫外線領域も見えており、さらに多くの色にあふれた世界を見ているのだとか。どんななんでしょう。ちょっと羨《うらや》ましいです。

生物はあらゆる環境の変化に備えて、その多様性の芽を維持し、変化を続けて存続してきました。私たちの「個体差」は個性と同時に、未来への投資だともいえるのですね。

3 日本は「あいの国」ってホント？

日本のイメージを色で表すと何色でしょうか？

赤と答える人が日本では多く、同じ質問をアジアでしても、やはり赤や白に。オリンピックなど、世界的スポーツの対戦で掲揚される国旗や、国旗の色を意識して作られるユニフォームなどから、色の印象が強まるのでしょう。また最近はサッカーのユニフォームから青をイメージする日本人も多くなりました。2006年にサッカー日本代表チームの愛称として協会が「サムライブルー」と決めてから、特にその傾向が強まっています。

昔「日本はあいの国だ」と言ったのは『怪談』で有名なラフカディオ・ハーンこと小泉八雲ですが、この「あい」は「愛」ではなく「藍」です。

江戸時代、木綿が庶民に広がると、木綿を染めやすい藍も急速に普及し、着物から前掛け、暖簾《のれん》と藍色の世界に。これは明治時代にも引き継がれ、八雲をはじめ当時来日した外国人には、この風景がとても印象深かったようです。藍色は「ジャパンブルー」と呼ばれ、そんな歴史が近代にあることも、私たちが青に親しみを感じる理由だと思います。でも日本だけでなく、藍は世界最古の染料のひとつ。青く染めるにはこの色素が必要でした。

痕跡は紀元前2000年ごろの藍染めの布で巻かれた古代エジプトのミイラ、紀元前2～3世紀ごろの南米アンデスで作られた藍染めの木綿、同じころの古代中国ではあの有名な言葉「青は藍より出でて藍より青し」が誕生し、エジプトと同時代に誕生したといわれるインド藍が、紀元1世紀にはヨーロッパへの一大輸出品に。またこの「藍」という漢字は、草冠に「監視」の「監」が合体したもの。これは「監視する必要があるほど大切な植物」の意味だったといわれています。

藍色は植物に含まれる色素で染めた植物染め。ジーンズなどのインディゴ・ブルーもこれです。現在は人工染料の色で、天然の藍染めはとても貴重となりました。

葛飾北斎《富嶽三十六景・神奈川沖浪裏（波富士）》
千葉市美術館所蔵

その藍染めが古代からこれだけ世界中に広まった理由は、美しい色が長続きすること、木綿など植物性の繊維、絹や羊毛などの動物性の繊維、さらに皮まで、染める素材を選ばないから。ほかの染料でこうはいきません。

またヘビや虫よけとして、農作業の野良着にも。ジーンズだってアメリカ先住民が虫に刺されにくいのは染料のせいだと知ったリーヴァイ・ストラウスが、藍を使ったのが始まりなんです。そのほか薬としての効果も高く「悪寒、発熱、疫病《えきびょう》の薬」と中国最古の生薬の本に効用が記されています。染料でも薬でも、どこまでも実力ある藍が愛されてきた理由です。

藍の色素を持った植物は地域で異なり、日本はタデアイという一年草、インドはマメ科のインドアイ、北海道には別にアブラナ科のエゾタイセイなどがあります。

エゾタイセイはアイヌ民族が使ったといわれますが、民族衣装に藍染めが多く使われています。人々にとって黒と藍色はとても重要な色で、魔除けの力があると信じられていたのです。悪魔が入ってくるという服の袖口《そでぐち》、襟《えり》、裾《すそ》、またうなじの下にあたる背模様にも藍色をほどこしましたが、彼らにとって藍色は黒のバリエーション。アイヌ語の色は赤、白、黒、黄の4つの言葉だけで、黄はほかに緑や青を表し、藍色は黒と区別されなかったといわれます。「濃く強い色こそ呪術的パワーが強い」という考えですが、古い世界では多くの民族が同様に考えていました。

ところで藍染めは布を染めるイメージですが、正倉院には藍染めの布のほか紙も多く残されています。平安時代は恋の成就をはじめ、さまざまなシーンで詩歌による交流が盛ん。和歌を書く紙も重要なセンスの見せどころでした。

藍甕　©eli / PIXTA(ピクスタ)

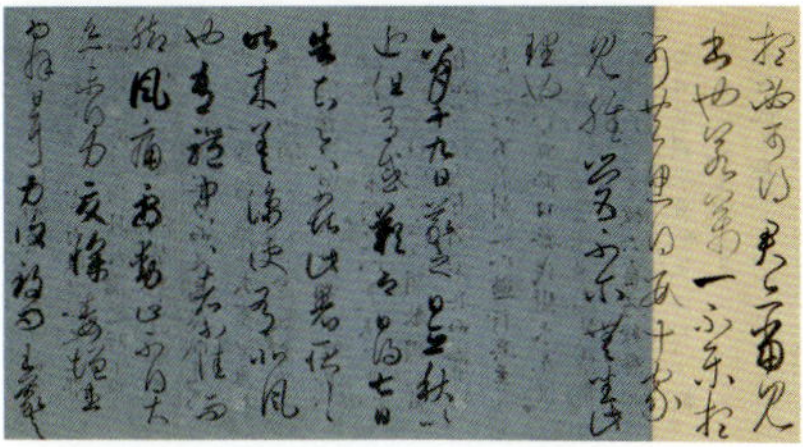

小野道風(伝)《秋萩帖》東京国立博物館蔵
©Image: TNM Image Archives

紙は料紙《りょうし》と呼ばれ上質な白い紙だけでなく、藍で染めたり、一度染めた紙をほぐして白い紙の原料と一緒に漉《す》きこんだり、金箔銀箔で加工したりと多様な技法があり、工芸品としての発達もみられました。もちろんそれは上流階級のみが許された贅沢《ぜいたく》。そもそも白い紙自体、とても貴重なものだったのです。だから半紙を引っ越しのご挨拶回りに配る風習が、昭和にも残っていました。

あの『枕草子』の清少納言が「世の中のことに腹を立てたり煩わしくてもう生きていけない！　どこかに行ってしまいたい！　と思うときでも、上質な白い紙を手に入れると心が晴れて、しばらくは生きていけるかも！　って思えるのです」と話し、仕えていた中宮やほかの女房たちから「お手軽な解消法だこと」と笑われる話があります。鋭い感性を持つ当時の女性として色々大変だったろうと推測するのですが、彼女にとっては書くことが、生きることそのものだったのかもしれません。ただ「紙」という話だけでも伝わってくるエピソード。それは本当に「いみじうあはれなり」ですね。

4 「食欲を抑える色」から考えること

色の心理的効果として「食欲を抑える色」についてよく質問されます。ネットを検索すると「青、紫は食欲を抑えるので、お皿やテーブルクロスを青にするとダイエットに効く」などの記事が目立ちますが、真実は「ダイエットに結果が出るような色遣いはない」、そう言えます。

もし青や紫が単純に効くならば、誰もデラウエアや巨峰といったブドウを食べないし、藍染のテーブルクロスもお皿もダメでしょう。なのになぜ「青や紫は効く」といわれるのでしょうか。

一般的に食の色といわれるのは、赤、オレンジ、黄、これに緑など果実を中心に野菜や肉などに見られる色です。こんな色がカラフルに並ぶと「おいしそう」に見えますよね。ハンバーグによくプチトマトとレタスを添えるのも、おいしそうに見せるために色の効果を利用した盛り付け。だからダイエットではその反対を考え、食と関係の少ない青や紫が食欲を抑えられるのではないか、そんな単純な発想かもしれません。

でもおいしそうに見える色がなくても食欲は高まりますよね。例えば焼肉のテーブル。肉を焼いて茶色になっても、においや音など別の五感の刺激で食欲はどんどん高まります。カレーだって色と形態だけで考えたら、いや、ここは深く考えるのはやめて、つまり色だけで食欲はコントロールされないわけです。

それに食べたいという気持ちはストレスなど精神的な問題も強く影響するので、ダイエットに結果を出す都合よい色はない、これが正解です。

でもですよ、「よく知っている食品の色」が「予想外の色」だったら。考えてみてください。寿司屋でトロを頼んで、出てきたのが紫色のトロ。ふわっふわの黄色いオムレツを期待したら、形はオムレツでも色が真っ青。そう、食欲は確かに失《う》せます。生き物にとって口から食物を摂取するのは命がけの作業。そこに毒があれば栄養補給どころか生命の危機です。このため人間は食物の色、香り、味、食感に対して本来敏感でした。だからこそ「よく知っている食べ物」が「見慣れない色」に変化していたら、やはり反応してしまう、これは事実です。

とはいえ、オムライスに紫の着色料を使って作るなんて、そんな無駄なことはできませんよね。それよりもカラフルな色の食卓で満足し、量は腹八分、気持ちを食から別の方向へ向けるようにすることが最も有効なダイエット法。やはり王道が一番なのです。

ところでこうした食品の色を意に介さないように見えるのがアメリカです。真っ青、黄緑、紫、ショッキングピンクのクリームで飾られたカップケーキや星条旗がデコレーションされたドーナツ。いやすごいです。

2000年には食品メーカーのハインツが、子ども向けに真っ青や紫などのカラーケチャップを販売し人気を呼びました。真っ青なケチャップなんて本来ならば不気味で本能的に敬遠すべき色。なのに喜んで受け入れる現代の子どもたち。

強烈な刺激に麻痺《まひ》し、より強い刺激にさらされた子どもたちの感覚は、人間の生存率を高めてきた本能を凌駕《りょうが》しています。日本でも真っ青なカレーやお菓子が登場し話題作りになっていますが、狩猟や農耕、自給自足から遠ざかり、食物が工場製品になってしまった現代で、人間として持っていた能力の変化は何を意味するのか。未来が答えを持っているのかもしれません。

©Radius Images/amanaimages

気になる報告もあります。アメリカやイギリスの研究で合成着色料が子どもの脳に影響を及ぼす「可能性」を示唆。注意欠陥・多動性障害（ADHD）の発症に関わる点が懸念されているのです。

欧州連合では指定着色料が使用されている製品は、タバコのパッケージのように子どもの行動に悪影響を及ぼすという警告をパッケージに表記することになっています。あのハインツのカラーケチャップも2010年に製造を中止しましたが、ちょうどアメリカで自発的使用禁止を促した時期でした。

大人もですが、脳などが成長過程にある子どもは、特に体内に摂取するものすべてに気を配るべきというのが多くの有職者の意見です。ビビッドな色のお菓子や飲み物を作っているアメリカでも禁止している一部の着色料が、日本ではまだ禁止されていないなど、私たちがあまり意識していない色の問題もあります。

科学がすごいスピードで進化しても、人体は数十万年前からそれほど変化していないのが事実。食欲を抑える色があるのかどうかを考えていくと、思わぬ問題が見えてくるのです。

5 西洋の青、日本の青

青が多くの人の心に響くせいか、この色が魅力的に使われた絵画は、心を揺さぶる力が一段と強いように感じます。

その青の絵画といって最初に思い出すのは、やはりピカソの「青の時代」でしょう。《人生》や《老いたギター弾き》、《自画像》など、この時代らしい作品より、ここはあえて《アイロンをかける女》を推しましょう。

ピカソと青の話は有名なので少しだけ触れると、バルセロナからパリに一緒にやって来た親友が19歳でピストル自殺をしてしまうのです。自殺直前に親友がいた部屋で、弾跡を残す亡骸《なきがら》の顔を3枚描いたピカソ（これは生前発表されず、ピカソの死後アトリエから発見）。恐らく1枚目と思われるのは赤い背景に浮かぶ青い顔の激しい表現。2枚目では暖色系の色が消え、3枚目になると沈鬱《ちんうつ》な青のみで描く親友の顔になっています。

「彼の死を考えながら、僕は青の画家になった」。ピカソはこ

パブロ・ピカソ《アイロンをかける女》1904年

こから青い絵の具を基調にした絵ばかりの「青の時代」に突入するのです。その後恋をして、今度はバラ色の絵の具で描く「バラの時代」へ。画家の心が色にストレートに反映した作品群なので、色と絵画ではよく語られる話です。《アイロンをかける女》は、青の時代が終わりに近づいた1904年に描かれました。悲しみを言葉で語らないとしたら、この色彩とフォルムが究極の表現ではないかと思うほど。青というより青みのグレーに彩られ、美しい色や女性ではないのに、あふれ伝わる感情が。どうしてだろうと思ったら、貧しさと悲しさを体現する（なのに魅力的な）彼女こそ、この後「バラの時代」に突入するきっかけとなった恋人、貧しいピカソを支え導いたともいわれるオリヴィエです。恋多きピカソは天才ですが、女性好きな画家の典型タイプ。才能をさらに飛躍させるには、女性たちの存在が必要だったと思います。

古代ヨーロッパでは異民族の色として不人気だった青が、絵画では12世紀以降、次第に聖母マリアの衣の色という役割を担うようになり、好ましい色へと変化します。画家たちもこぞって青を使いたがるのですが、青の顔料は高級品。最も有名なのは「ウルトラマリンブルー」です。この貴重な青は、半貴石のラピスラズリ（和名は瑠璃《るり》）を砕いて作った色で、名前も「海を渡ってきた青」という意味。一説によると、ラピスラズリは不純物が多いのですが、12世紀から13世紀あたりで不純物を取り除く技術が発達し、美しい青が得られるようになったので人気が出たともいわれますね。

ラピスラズリ
©Science Photo Library/amanaimages

ラファエロ・サンティ
《大公の聖母子》
©www.bridgemanart.com/amanaimages

今の私たちから見ても魅力的な色で、ラファエロの描く美しいマリアも、この青で描かれています。またあの「フェルメール・ブルー」も、実はウルトラマリンブルーのことなんです。

古代から色には霊力が宿ると思われていたので、当然ラピスラズリは霊力ある宝石でした。いまでもパワーストーンとして紹介されますが、まったく同じ色がプラスチックで作れてしまう現代の悲しさ。強い青のラピスラズリとプラスチックの青が並んだら、どちらが本物か見分けがつきません。でも色としては、誰からも愛された青なのです。

さてもうひとつ。青の絵を日本画からあげるとしたら、東山魁夷《かいい》の《白馬の森》でしょう。別の誰かが同じように描いたら、妙にロマンチックで甘い絵になりそうなのですが、63歳にして描いた青い森の奥深くに忽然《こつぜん》と現れる白い馬。それは人生の後半にたどり着いた世界だからこそ、多くの人の心に届くのだと思います。「白い馬は私の心の祈りです」という魁夷。自身を見つめ直すために旅立った北欧から帰国したあと、急激に青の作品が多くなります。「青は絶えず心の奥に秘められて、達することのできない願望の色」と語っていますが、その絵の前に立って見ると、こちらの深い世界にまで青が入ってきて響き合うような気がします。

この色を精神的な色に感じるのは、血液や炎など赤の体験のように具体的存在ではなく、すくうと青ではなくなる水や海の色、見えているのに遠い存在の空など、身近な青が、どれも曖昧で不確かな体験を与える色だからだと思いますね。ある意味動物ではなく、人類が手にした知性がないと、とらえられない色、そんな感じです。

実際に青が具体的な色の世界を確立するには時間が必要で、別の項でもあったように古代ギリシアや古代日本でも「青」という色が、くすんだ色や緑との混合、黒にも含まれる曖昧さを持ち続けましたね。染料、顔料の技術的革新があってやっと美しい青が身近になり、求心性を持つ世界にたどり着いたのです。

日本画の青い顔料、岩絵の具の美しさは群青《ぐんじょう》の色。その原石はラピスラズリではなく、アズライト（藍銅鉱《らんどうこう》）です。岩群青と呼ばれるたくさんの種類の青は、顔料の粒子の大きさの差によるもので、焼いて色を調整することもあります。

さてあなたがもし青好きならば、絶対に画材店の岩絵の具の棚を見に行くべきです。日本画では絵の具を混ぜるということを基本的にはしません。ですから、微妙な違いをもつ青がたくさん必要になり、それらがガラスの瓶に入ってズラリと並んでいるのです。その美しさたるや、もう青の天国。癒しの場と呼びたい空間。それを見て、日本画を始めちゃった人もここにいますから。

東山魁夷《白馬の森》
長野県信濃美術館 東山魁夷館所蔵

第6章 紫

1 「パープル」って何色？

紫と聞いて思い浮かべるもの。よく聞くのはブドウやナスなど具体的なものと、高貴、神秘的、古風、妖しい、毒物、病気など、身近というよりはちょっと「違う世界」といった印象のものです。これらのイメージはどこから生まれたのでしょう。

まず西洋でのパープルのイメージ。これは染料の歴史が影響しています。

有名なのが紀元前1500年ごろ、地中海フェニキア地方の巻貝の分泌液で染められた貝紫《かいむらさき》、またの名を「プルプラ（パープル）」。1個の貝から採れる分泌液はほんのわずかで、1gを得るのすら2000個（様々な説があります）以上の貝が必要。つまり万単位の貝を集め、そこから分泌液を抽出するという気の遠くなるような作業が必要な色なのです。

さらに集めた液の悪臭と戦いながら何日も煮詰めるなど、幾つもの大変な工程を経て染料となり、糸に染めて人の手で織られ、やっと美しい色の布が完成。ものすごく貴重な品ですね。貧しい者は粗末で汚い布をまとっていた時代に、手間をかけた美しい色の織物は、聖職者や王侯貴族という一部の人間だけが手にできました。だからこそ人々が欲しがったプルプラの色なのです。高貴な色の始まりです。

人類が「身を飾る」ことを始めてから、長い間それはいつも他者の目を意識する優越性の象徴でした。古代バビロンのものと思われる貿易の記録を見ると、薬のほか、化粧品や染料、はちみつ（はちみつは最も古い甘味料。同時に薬や化粧品、芳香剤としても利用しました）、宝石、象牙《ぞうげ》や布など、衣服・装飾品、化粧品などの類が大量に取引されています。また生薬は香辛料や染料にもなるので、その需要レベルがわかりますね。貿易だって「見た目を作りたい」欲求が支えたのかもしれません。

そんなプルプラも貝を乱獲したせいで、9世紀ごろに歴史から消えてしまいます。その製法は受け継がれず、似た色はその後もほかの染料で作られましたが、この時代にとってのプルプラのように、魅惑的な存在は生まれませんでした。ただ言葉では貴族や帝王などを表す語として残り、be born in the purple は「高貴な生まれ」と、高貴さそのものの意味を持ったのです。

この記憶がその後も長く継承され、時代が下って15世紀には枢機卿《すうききょう》の色に。でも実際に枢機卿が着ていたのは幻の色プルプラではなく、別の染料で染めたもの。西洋絵画などで枢機卿が赤い衣服を着ているように見えるのはそのせいといわれます。

つまりプルプラはその希少性と色が持つ独特の華やかさゆえの高貴さ（価値）。それが時代を経ても残るパープルの語源、プルプラのイメージということになります。

英語の辞書を見ると、パープルは「紫」、「深紅」以外に「枢機卿」や「帝王」、加えて「高貴な」、「（音楽などで）華麗な」や「大げさ」、「感傷的」、「きわどい」、「激しい」という言葉が並び、多様なことがわかります。またドイツ語でプルプラは「深紅」、フランス語では「緋色《ひいろ》」とあり「紫」ではありません。日本でパープルは紫ですが、ヨーロッパでは深紅と受け止められることが多く、日本の青みの紫は、「パープル」より「バイオレット」という色名のほうが当てはまるのです。

それというのも天然染料は「ある領域の色」を作り出すもの。不安定なのが当たり前なんですね。だから深みのある赤、赤紫、紫、この「領域」が「プルプラ」で、一番発色しやすい色が赤系だったのかもしれません。ヨーロッパで赤と呼ばれる色は日本人から見ると幅広く、日本語の赤紫や濃いピンク系も「赤」です。色の名前が同じといっても、国が違うと実際の色みには差があるのでご注意ください。

さてそんな幻のプルプラを好んだ歴史上の人物は、例えばあのカエサル（シーザー）。ちょっと禿げたおじさんをイメージするかもしれませんが、若いころからかなりのおしゃれで、この色をこよなく愛したそうです。でもプルプラが凱旋将軍にだけ着用を許された色だからか、色自体を本当に愛したのかはわかりません。

カエサルを出すならもう一人、やはりプルプラを愛したのが、あのクレオパトラ。似た者同士の最強カップルです。出会いはカエサル52歳、クレオパトラ21歳。

ジュリオ・デ・メディチとルイジ・デ・ロッシ
《レオ10世と2人の枢機卿》

クレオパトラもあらゆるシーンで人を圧倒する演出を考えた女性でした。色が及ぼす影響を感覚的に理解していたのでしょう。カエサルとの宴会では会場のベースカラーがプルプラだったといわれ、また彼女が使う全長90メートルにもなる帆船は、船体が金に塗られ、銀の櫂《かい》、そしてすべての帆は高価なプルプラで染めたもの。きっと人々の度肝を抜くような演出効果だったと思いますよ。カエサルの死後、アントニウスに召還されたときは、楽団を率い大量のお香を焚きながら、この巨大なプルプラ色の帆を張って、アントニウスの前に登場したクレオパトラ。その後の歴史はご存じのとおりです。

その後のプルプラも、あの狂気の皇帝カリグラが、自分より綺麗なプルプラを着ていたからと相手を暗殺する、暴君ネロが、誰それがプルプラを着たからとすぐ処刑すると、いつも死の匂いが付きまとっていました。

またキリスト教では捕らえられたイエスが鞭《むち》打ちにされ、兵士からイバラの冠と「プルプラで染められたマント」を着せられ平手打ち、唾を吐かれるシーンがあります。これは王の色であるプルプラを着せることで「ユダヤの王」と呼ばれながら無力なイエスを人々の前で卑しめるという、信者にとっては強烈なシーン。プルプラの美しく妖しい色が、よけいに人々の心に残酷な気持ちと、強烈な怒りや悲しみの感覚を呼び起こしたかもしれません。

　こうやって見ていくと、やっぱりプルプラは強く深い赤紫だったかなと思います。だって単純な赤では、そんな心の奥深くに潜むざわつく感情を引き出すことはできないでしょう。そして青みの紫ではここまで熱をはらめないというか。高貴で妖しい、紫のなかでも深い赤紫こそが持ちえる強い力、それがこの「プルプラ（パープル）」の魅力だったと思いますね。

　さてこの貝の分泌液で染める古代の「プルプラ」。フェニキアの貝だけが貝紫ではありません。実はメキシコや日本をはじめ、世界でこうした紫を採取できる貝は300種類くらいあるといわれます。

　メキシコでは今でも神聖で宗教的な（女性への）贈り物として、山岳

ルドヴィコ・カルディ・ダ・チーゴリ《エッケ・ホモ》

地方の男性が海まで取りに行き、貝紫で染めた糸を渡す習慣があるそうです。ただ岩に貼りついている貝をはがして分泌液を出させ、またもとに戻すため、絶滅しないのだとか。さらに地中海の貝とは違って、インド洋や太平洋側の貝は分泌液を1個で1gも出すものもあるという話で、種類は多様なんですね。

日本では吉野ヶ里遺跡から、貝紫で染めたと見られる繊維が発見されました。大陸からもたらされた布ではなく、古くからこうした染色法があったという証明なのだそう。加えて昭和半ばまで、三重県志摩の海女《あま》さんは龍宮に引き込まれないため、つまり事故に遭わないための魔除けやお呪《まじな》いとして、貝紫で「星印と格子印」を腰巻や手ぬぐいに染めて身に着け、海にもぐるという風習がありました。

貝紫の発色は、淡い黄色のような色が紫外線によってどんどん変化し、青紫や紫、赤紫や赤系統の色になり、どの色も魅惑的で美しいんです。色の変化はとても不思議で感動を覚えるほど。色の境界があいまいで表現しがたい複雑な色だからこそ、ほかの色では与えられない刺激を、人の心に投げかけるのでしょうか。

メキシコにしろ日本にしろ、後の時代でも呪術的神聖さを維持している貝紫。この色に感じるものが、多くの国で同じというのも興味深いですね。

2　高貴さをまとう日本の紫

古代日本の紫は高貴さと雅《みやび》の象徴でしたが、この高貴さが確立されたのは推古《すいこ》天皇の時代といわれます。朝廷に仕える家臣の地位によって着用できる色を定めた「冠位十二階」が制定され、紫色が一番地位の高い色になったからです。

順位は上から、紫、青、赤、黄、白、黒。各色濃い色と薄い色で構成され全12色。古代のことなので実は諸説あるのですが、この順番が一番有名でしょう。「冠位」の冠とは帽子のようなもので、着用できる衣服もこれにならったため、見た目にパッとその地位がわかることに。これ、上下関係のプレッシャーを相当に感じそうですよね。ただそれは男性社会の話です。

身分と色の関係を定めた位階色は中国にならったものです。制定された紫色以外は陰陽五行説《いんようごぎょうせつ》（中国の思想で世界の成り立ちを説明する思想）で定められた5色。本家中国で皇帝の色は黄色なのですが、紫色を好んだ皇帝の時代もあったため、日本には陰陽五行説と高貴な紫色のイメージが同時に入ってきたといわれます。

ただ卑弥呼《ひみこ》の時代、『魏志《ぎし》』倭人伝のなかで魏の明帝が卑弥呼に「金印紫綬《しじゅ》（金の印章とそれに付く紫色のふさ)」を与えたという記述があって、紫色は最高位だったというのですから、もしかすると「紫＝最高位」という意識が、卑弥呼時代から輸入され、受け継がれていたのかもしれませんね。現代でも、お坊さんの着る衣の色の最高位は基本的には紫だそうで、伝統が残っているわけです。

さて古代の日本で紫は「紫草《むらさき》」という植物の根、紫根《しこん》で染めました。小さな白い花を咲かせる紫草。群れて咲く花なので「叢咲《むらさき》」草という説や、散在して咲く「ムラに咲く」草という説などがあり、紫の色名もここから生まれたといわれます。小野《おの》妹子《いもこ》が中国から持ち帰ったとされる古いものですが、栽培が難しいうえ、サツマイモのような色の根が使える大きさになるには2〜3年かかり、染色も手間がかかるので、やはり紫色の布はとても高価。それが高貴さにつながったという説もあります。

平安時代の王朝貴族たちは、ことさら紫色に気品や優雅さを感じ愛していました。その証拠に『古今和歌集』や『万葉集』にもよく出てきます。

「紫のにほへる妹を憎くあらば人妻ゆゑに我れ恋ひめやも（紫のように美しいあなた、あなたを憎いと思っているなら、どうして人妻のあなたに恋などするでしょうか）大海人皇子《おおあまのおうじ》」。紫色が美しさの象徴として使われていますね。

また清少納言は『枕草子』で「すべてなにもなにも、紫なるものは、めでたくこそあれ。花も糸も紙も（すべて、どんなものでも紫色のものはすばらしいわ。花も糸も紙もね）」と書き、さらに紫式部の『源氏物語』は「紫の物語」と呼ばれます。それは光源氏の初恋で最高の女性、藤壺の「藤」も紫、また藤壺の姪の若紫、後の源氏の妻、紫の上も紫と、美しく理想的な二人の女性の名前が紫に由来しているからです。

紫を「ゆかり」と読むことがありますが、それは『古今和歌集』の「紫の一本《ひともと》ゆゑに武蔵野の草はみながらあはれとぞ見る（一本の紫草があるだけで、武蔵野のすべての草が愛おしく思える）」という歌から。愛しい人を思うとその人に縁《ゆかり》の人たちも愛おしく思えるというような意味で、ここから紫色がゆかりの色といわれ、愛する人の縁《ゆかり》の者にも情をかけるという意味になったとい

紫草　©Gakken/amanaimages

います。

　実際に紫根を紙に包むと揮発性が強く、直接触れていない部分まで薄く色が移ってしまうこともあり、そんなことも縁《ゆかり》につながったようですね。だから『源氏物語』の若紫は藤壺の姪で「縁の者」。それを絡めて「紫」がキーワードということに。なかなか仕掛けますねえ。

『源氏物語』といえば、「葡萄色」という紫色も出てきます。これ、何て読むでしょう。「ブドウイロ」？　いえ、これは「エビイロ」。昔は野生のヤマブドウを「エビカズラ」と呼んで、その実の色だといわれます。古い法典にあたる『延喜式《えんぎしき》』には「葡萄《えびぞめ》」として出てくる由緒正しい色で、くすんだ赤紫系統の色なのです。のちには果実のエビより海のエビのほうが有名になり、「エビイロ（海老色）」とも混同され、その上、洋種のブドウなども入ってきて、同じ字で「葡萄《ぶどう》色」という青みの紫色のほうがわかりやすくなってしまいました。色名も時代の流れに影響を受けるのです。

　さて江戸時代になると、紫でも赤みの紫は「京紫《きょうむらさき》」、青みの紫は「江戸紫《えどむらさき》」と呼ばれました。どちらも同じ染料。仕上げの差だけですが、古《いにしえ》から雅な文化が栄えてきた京と、新興都市である江戸は何かと張り合うことが多かったようで、最も高貴な紫色だからこそ色みの違いも競い合うネタになったのでしょう。

江戸時代に誕生した都々逸《どどいつ》でこんな歌があります。

「鴨川の水がきれいと自慢をするな　くやしきゃ紫《むらさき》染めてみろ」

江戸紫

京紫

©吉岡幸雄『日本の色辞典』紫紅社

何とも笑ってしまいますが、これは染色の作業が川を使うため、京は鴨川で染められる友禅染めの着物が江戸でも好まれる。いつまでたっても京文化が一段上という風潮への悔しまぎれに、江戸の自慢は玉川上水で染めた紫色だと、こんな都々逸が作られたようです。対抗措置が紫なのですから、さすが紫好きの日本人です。

そんな紫色の由緒正しい姿を、新年の宮中行事「歌会始《うたかいはじめ》の儀」で見ることができます。宮殿「松の間」で行われる様子がテレビ中継され、天皇皇后両陛下がご着席になる後方の屏風《びょうぶ》の色、これがややくすんだ赤紫で、お二人がご使用になる椅子の背もたれの色は濃い青みの紫。つまりあの赤みの紫と青みの紫という代表色2色、それが画面に映るのです。これこそ、日本の伝統が継承されている空間という印象に。その紫を見ると、やっぱり紫は古式ゆかしき色だなあと、つくづく思うわけです。

3 霊妙な中国の紫

中国の色を「五行思想」抜きに語ることはできません。この中国独自の思想が、色の立場をはっきり確立させたからです。それまでの鮮やかで目立つ色に価値があった時代から、色の象徴と世界との体系化をはかり、社会的な記号に作り上げました。

五行思想というのは、万物は「木《もく》、火《か》、土《ど》、金《ごん》、水《すい》」という5つの要素から成り循環しているという思想で、すべてをこの5つに分けて考えることができます。方角（五方）や季節（五季）、味（五味）や空想の動物（五神）、そして色（五色《ごしき》）など、ほかにもあらゆるものが5つに分けられています。

ここで選ばれた色は、青、赤、黄、白、黒の5色で価値のある正色《せいしょく》。紫や緑は間《かん》色《しょく》でした。さらにすべては「陰」と「陽」の関係により成り立つという「陰陽思想」と結びついて、日本でもよく知られる「陰陽五行説」が成立していきます。この思想が日本の色への感覚や使われ方に多大な影響を与えました。

陰陽五行説からすると、皇帝の色は黄で位置は中央ですから、中国で高貴な色は黄、また黄金や金に通じる色。そして赤は吉祥や富につながる色で、現在でも人気色。でも紫色も古代から黄色と並んで高貴な色とされてきたので、五行説で間色となったあとも、浮き沈みはあるものの古い時代の記憶が残り、高貴さを留めていたようです。

孔子が「紫《むらさき》の朱《しゅ》を奪《うば》うを悪《にく》む」と、正色の色ではない間色の紫色を好む覇者が現れて、それに影響され社会の秩序が乱れている、嘆かわしいことだ、と言ったなんて話もありますね。まあ色を選ぶ勝者も、自分が倒した相手が喜んで着ていた色を着るより、違った色を着たほうが、ひとつの権力が倒され支配者が代わったのだと見せつけるのに効果的。高貴さを持った紫は、そんな思惑にはまったのかも

主な事物の五行の配当

五行	木	火	土	金	水
五方	東	南	中央	西	北
五色	青	赤	黄	白	黒
五季	春	夏	土用	秋	冬
五神	青龍	朱雀	黄龍	白虎	玄武

しれません。

ヨーロッパと同じく、古代中国で紫色は赤紫のような色だったといわれています。赤みの色を強く出すため、赤の染料で一度下染めした上に、うすく紫色をかけたという話もあって、中国の紫色がどんな色だったかを示す例に、梅干しを漬けるときなどに使う「紫蘇《しそ》」の逸話があげられます。

シソの名前の由来は後漢時代、名医がシソの葉を煎じて作った「紫色」の薬を、食中毒で死にかけていた若者に飲ませたところ、あっという間に元気になったという話からで、「紫の蘇る草」から「紫蘇」になったというのです。でも言語学の研究では「蘇」一字でもシソと読むほうが歴史的に古く、一文字で読ませるのが不安定だから「紫蘇」にしたなんていう話もあります。

とにかくこの話のシソは青紫蘇《あおじそ》（大葉《おおば》）ではなく、梅干しなど食の色づけにもなる「赤紫蘇《あかじそ》」のこと。赤紫蘇といえば紫色というより私たちには赤紫色というイメージですよね。また日本の「お赤飯」。小豆で炊いたごはんの色は赤紫蘇と同じような色ですが、この色を霊力のある「赤」の領域としてとらえているので、日本では「お赤飯」で「お紫飯」にはなっていません。つまり中国で紫色と呼ばれる色は、日本よりずっと赤みが強いことに。こうした違いからも色の差がうかがえます。

さて中国で有名な紫色というと「紫禁城《しきんじょう》」を思い出します。外見は壁も床も柱も赤また赤。そして屋根は黄色、装飾は金色と、実はどこを見ても目立つところに紫色はありません。「禁城」とは「皇居」という意味なので、赤、黄を多用した城がなぜ「赤禁城」とか「黄禁城」にならずに、「紫禁城」なのか？　不思議ですよね。

紫禁城　©Horizon Images/amanaimages

この名前の由来は、天に輝く北極星に関係するといわれます。

古代中国の王朝は紀元前２０００年以上昔から始まる長い歴史があり、その時代その時代で支配者が代わり、たくさんの思想も生まれ影響しあってきました。だから高貴な色も様々に。ただ各思想で共通するのは、天界の重要性です。古くから天文学は熱心に研究され、森羅万象の意味をここに見いだしてきました。

中国独自の星座も考えられ、あの紫禁城の名前につながる星座群「紫微垣《しびえん》」が誕生したのは、紀元前5〜4世紀と考えられます。

人々はすべての星々が北極星を中心にしてまわっているのを見て、宇宙を支配し治めている神「天帝」は、北極星だと考えました。そして北極星を「天星」と呼んだのです。天星が存在する区域を「紫微垣」と呼び、そこが皇居にあたります。

帝星の周辺には、お妃など皇族、官僚や軍隊、遠い星は人民、さらに一番離れたところにはトイレの星座まであったりと、豊かなストーリーが繰り広げられました。完全に天帝はここで生活してますね。この天帝の様子を、地上を治める皇帝のために再現したのが、かの「紫禁城」。天の紫微垣に倣ったので紫の禁城（皇居）になったというわけです。

ここまではよく語られる話ですが、やっぱりなぜ、天帝の住む領域に「紫」という言葉を使ったのか、よくわかりません。当時、北極星の色が紫色に輝いて見えていたからという話も聞こえますが、専門家からそれはあり得ないと指摘されています。

ちなみに、北極星は地球の自転のせいで2万5800年周期で移行するので、古代エジプトや古代中国が見ていた北極星と現代とでは違うんです。あの当時の北極星はこぐま座β星で、現在はこぐま座α星。そして今のβ星はオレンジ色に見えるので、星の色ではなさそうですね。そう考えると地上の皇帝が黄色なので、わざわざ特別な色にした可能性が浮上します。

なぜなら中国文化と色をよく見てみると、前にも出てきたように、黄色と紫はしばしば立場が入れ替わっています。また「現世の」おめでたきこと、富の色として好まれる赤に対し、紫色は、徳のある君主がいると紫色の雲がたなびくとか、紫色を見ると聖人や仙人に会えたり、仙人の衣の色が紫色だったりと、何やらいつも「霊験あらたかな色」として存在しているからです。仏教でもお迎えの仏さまが乗っているのは「紫雲」で吉兆だという話が。

つまり身近に使う色というより、紫色は天界や仙人のような「霊的シンボル」として登場する不思議な色なのかもしれません。そうなると天帝の色は紫色のほうが、より天上のイメージが際立つように感じます。紫色ってやっぱり神秘が似合う？

4 白髪を紫に染めるってなぜ思いついたの？

紫の都市伝説に、年齢の高いご婦人は白髪《はくはつ》を紫に染めるのが好き、という話がありますね。色のイメージアンケートでも、紫色からそうしたご婦人を連想する人もいるくらいですから、この印象はそれなりに広がっているのでしょう。

さてこのウワサ、美容師さんによると、日本人の白髪《はくはつ》はメラニン色素のせいで黄ばんでしまう人が多く、そのままだと美しい白にならない。そのためきれいな白髪に仕上げるテクニックとして、青紫の色を薄くかけるのだといいます。

ここからが都市伝説。それがあるとき薄い青紫をかけたはずが、濃い色に仕上がるというアクシデントが。でもその色を気に入った人がそのままにしたところ、白髪を青紫に染めるのが広まったというのです。

真偽のほどはともかく興味深いのは、染めているのが、はじけている若者ではなく、年齢の高い女性ということ。もし彼女たちの間で青紫のイメージが下品だったり奇抜さを象徴する色だったら、絶対に流行しなかったでしょう。つまり上品さとおしゃれ感から使われたのです。

それは紫が高貴なイメージを持ち、『源氏物語』などを彷彿《ほうふつ》とさせる古式ゆかしい色だから。この感覚は、着物など和の文化が日常に浸透していた年代だからでしょうね。

一方若い世代には不人気の度合いがやや高い紫です。「高貴」という言葉自体が古いのでしょう。保守性への反発や飽きからとも考えられますが、「悪趣味」や「安っぽい」と感じる人も世代によって多くなっているのです。

ところで白髪を青紫色に染めるおしゃれは日本だけなのでしょうか？　髪の毛がブロンドやブルネットの女性たちではどうでしょう。

これはね、一般にはほぼないでしょうね。アメリカ人のおしゃれ現役バリバリなおばあちゃまが、トータルファッションとして服とヘアカラーを合わせていらっしゃるのは見たことがあります。グリーンのお召し物のときはグリーン、パープルのお召し物のときはパープルのヘアカラー。でもそれは特別ですね。なぜなら「白髪《しらが》染《ぞ》め」として考えたら、ありえない色だからです。

欧米の女性が「白髪染め」をするなら普通はナチュラルなブロンドやブルネットに染めるか、染めずに白髪でおしゃれを楽しむ方が多いということで、それは日本

写真：中島洋祐/アフロ

でも同じ。多くの女性はブラウンや黒に染めているでしょう？ 普通はオレンジとか緑に白髪《しらが》を染めるなんてありませんね。そんな髪の毛の色はないですもん。

ならばどうして、オレンジや緑同様、髪の毛の色ではないのに紫色だけが受け入れられたのでしょう。

もちろん高貴さのイメージは重要。それにプラスして、紫色が古くから黒の代用の色として使われてきたせいじゃないかと思います。

例えば古代日本の神話に登場する大国主命《おおくにぬしのみこと》。あの「因幡《いなば》の白兎《しろうさぎ》」でウサギを助けてくれた神さまですね。この大国主命を神楽《かぐら》で舞うとき、地域によって衣装の色が黒のところと紫色のところがあるのです。これは黒と紫色が同じ意味として使えるということになりますね。

また神道《しんとう》で使われる吹き流しなどの五色旗は、中国の陰陽五行説から受け継がれた赤、青、黄、白、黒の5色。でも実は黒を紫で代用することができるのです。

そういえば健康食として注目されている「黒米」は、「紫黒米」、「紫米」とも呼ばれますが、赤や紫の色の元になる成分、アントシアニンという色素を持つこの黒いお米、炊くと暗い紫色になりますね。実際にこうした色素の体験があるせいで、昔も今も受け入れやすいのかもしれません。

そう、つまり日本古来の「紫＝高貴」なイメージと、もともと黒い髪の日本人は、髪の毛の色として青紫に抵抗がなかった、この2つのことから起きた現象なのでしょうね。

ちなみに、欧米女性のブロンドにはストロベリーブロンドという赤毛に近いブロンドがあるので、あちらではおしゃれな女性が、白髪染めでストロベリーブロンドにすることはあるそうですよ。ヘアカラーのおしゃれも、よく見ると色々ルールがありますね。

5　娯楽の世界を暗躍する紫色のお約束

色は必ずポジティブとネガティブ、ふたつの相反するイメージを持っています。赤なら「情熱」と「怒り」、黒なら「高級感」と「死」。紫もまた「高貴」などに対して「不吉」といったネガティブな印象があります。そして私たちはこの両方のイメージを、そのときどきの状況に応じて感じ取り、理解しているのです。

さてヨーロッパでは中世以降、緑色と紫色は「妖しい配色」というお約束があるのですが、ご存じでしょうか。この2色の組み合わせは、キリスト教が生んだ、多神教の力を示す緑への恐れ、これに重ねて人を惑わすような紫への不安という、歴史的背景で生まれたのかもしれません。とにかく決まり事。でもそんなのいったいどこで使われているのって思うでしょう?

はい、代表的な装いを見たいなら、アメリカンコミック『バットマン』に出てくる悪役「ジョーカー」です。映画化もされジョーカーを演じた2人の俳優、ジャック・ニコルソンと故ヒース・レジャーの衣装には、コミックから受け継がれた紫色と緑色がちゃんと使われています。

特に『ダークナイト』のヒース・レジャー演じるジョーカーは、紫色のタキシードに、緑色に染めた髪の毛と緑色のベスト、そして強烈なメイクが鬼気迫る演技と相まって最高のインパクトでした。また映画『スーサイド・スクワッド』に登場するジョーカーも緑色の髪の毛、紫色の手袋やコートを継承していますね。こうした演出は思いつきや偶然ではなく「怪しさ」を約束した色遣いだから。そして3人のジョーカーが身に着ける紫こそ、不吉さをはらむ紫色の一面を象徴的に表したものといえるのです。

映画などは見てすぐキャラクターの役割が理解できるよう、単純化しておく必要があるので、ジョーカーの配色が成立するためには、色のイメージを社会で共有できることが前提。つまりアメリカでも紫の不吉さは浸透していることになります。

とはいえ不思議なことに、同時に紫が高貴さを表す色としても浸透しているんです。例えばファッションブランド「ラルフローレン」の最上位ライン「パープルレーベル」では、そのロゴの地の色は赤紫ではなく、青みの色。この青みの紫は日本でも神道の神前幕などで使われるような色で、アメリカで「高貴なイメージ」として社会で共有されているというのもまた事実。複雑です。

写真：Visual Press Agency/アフロ

一方日本の娯楽の紫色なら、歌舞伎や時代劇で、病気の殿様や花魁《おいらん》が頭に紫色をした鉢巻をしているシーンが。ご存じないですか？

この青みの紫は江戸紫。紫根《しこん》染めが決まりです。紫根は染料以外にも漢方薬として、解熱、解毒、皮膚疾患などに効果がありました。そんなことから紫根染めの鉢巻は「病鉢巻《やまいはちまき》」と呼ばれ、つけるだけでも病が和らぐと考えられていたのです。

そこから舞台で身分の高い人や美しい女性が、結び目を左にして病鉢巻姿で登場すると、その役が何かの病気や心的なことで病んでいる証の演出となりました。

例えば『廓文章《くるわぶんしょう》』という演目では、恋する男に会えずに病気になってしまった美しい花魁の夕霧が、煌びやかな衣装と花魁らしく結った髪、その髪飾りのなかに紫の病鉢巻をしています。

また『摂州合邦辻《せっしゅうがっぽうがつじ》』では、義理の息子に邪《よこしま》な心を抱いた継母が毒を盛ったせいで、無残な姿に変えられた美しいモテ男、俊徳丸も病鉢巻に藤色の衣装。

さらに日本舞踊では「狂乱物《きょうらんもの》」と呼ばれる、嫉妬や離別で正気ではいられなくなった状態を表す「物狂い」の踊りがあり、この狂乱物にも病鉢巻が登場します。

そのひとつ『保名《やすな》』という演目では恋人を亡くした安倍保名《あべのやすな》という美男が、悲しみのあまりに狂乱し、恋人の小袖を持って乱れた髪に病鉢巻、紫色の長袴《ながばかま》でさまよい歩くという舞い。つまりここでも紫色は病気や狂気を象徴する色といえ、日本にも妖しい紫色のあることがわかりますね。

ちなみに同じ歌舞伎で「歌舞伎十八番」のひとつ、『助六《すけろく》由縁《ゆかりの》江戸《えど》桜《ざくら》』では、紫の鉢巻を左ではなく右で結んで登場する主人公の助六がいます。江戸の男らしく喧嘩っぱやいやんちゃ者、お金はないけど若さと強さにあふれた女にモテる伊達男《だておとこ》。

三代歌川豊国（歌川国貞）
「役者大首絵　当盛見立三十六花撰　助六」
提供：PPA/アフロ

黒い着物に白い裏地、男なのに女物の赤い襦袢《じゅばん》を着ているという遊び人仕様。そして足袋《たび》は黄色。このど派手な衣装を着た主人公は頭に、左結びの紫色の病鉢巻を、わざと右に結んでいます。

左結びを右にした、つまり「病気とは正反対」という証。

力みなぎる「力結び」と呼ばれるこの洒落た演出も、紫色が病気につながるという約束事がなければ、演出にならなかったというわけです。江戸らしい粋な感覚ですね。

病鉢巻に見られる日本の紫色が西洋と少し異なる点は、不吉さや怖さ一色ではなく、病気でも狂気でも必ず「美しさ」が伴うという点。そしてこれこそ日本の紫色への美意識といえそうな気がしますね。さて、みなさんはどんなふうに感じますか？

6　子どもの絵、紫の秘密？

色の心理学と謳《うた》っているものを見ると、紫色には癒し効果や能力を引き出す効果、催眠効果がある、気持ちを穏やかにする、などと書かれていますが、これは心理学の研究ではありません。おそらく書き手は紫色の「イメージ」で、そんなふうに書きたくなるのでしょう。でもそれを納得したくなる社会的空気があり、それが占い的なのに「心理学」という言葉を使ってごまかせるゆえんでもあります。

それでは色と心理という視点なら、子どもの絵と紫色はどうでしょうか。ここでもまた、不安な感情を持っている子どもも、病気の子どもが治ろうとするときに癒しの色として絵に紫が使われる、といったまことしやかな話がありますが、紫色が病気の「癒し」として使われるという、学術的研究や報告は見当たりません。残念ながら巷《ちまた》で「この色はこうです」と言い切っているのは、まず信じられないと思います。

また仮に「そういう状況の子ども」が、紫を癒しとして使ったのだとしても、同じような状況の別の子が必ず紫を使うことにはならないんです。だって一人ひとりが違う私たち、心も行動も複雑で繊細。なかなかマニュアルのようにA＝Bという話はできないのが事実なんですね。

ただ病気や死に近い子どもの絵の研究では、てんかんやがんなど自分の意思に反してどうしようもない深刻な病気に突然襲われた子どもの絵に「とらえられた」象徴として紫系（藤色とされています）が現れる、そんな報告をユング派分析家のスーザン・バッハが行っています。また心理的には守られている、あるいは息苦しい状況、つまり不自由さが強いときにもこの色で表現されることがあるそうです。

これをよく考えてみると、どちらも何かに「とらえられている」ことがネガティブにもポジティブにも受け止められたときに、紫系が現れるということでしょうか。

でもなぜそれが紫系か、わかりません。研究ではこうした象徴として使われることがあると分析していますが、紫色が実は癒しなのか、あきらめなのか、恐れなのか、これも分析家によって解釈が違うかもしれません。それが真実です。鼻で笑っちゃう精神科医もいれば、真剣に受け止める精神科医もいますし。とにかく1950年代から行われた長い臨床研究からの報告なので、これからも長い積み重ねが何かを探りあてるのだろうと思います。

実際には私たちが子どもの絵を見るとき、何色かに注目するというより、その子どもの使った色が、強いか弱いか、明るいか暗いか（濁っているか）、それを見ます。そして「その子どもにとって」の色の意味を考えます。もちろん、あの娯楽の色のように、社会的に記号化された色も頭に入れて見ています。

そして色というよりは、描くときの様子、筆さばき、位置や描かれたもの、それぞれの関係性とか、これまでの流れとか、とにかく全体を見ているので、この色がこうだから、なんて単純にわかったらいいなあと思いますが、それはありませんね。

だから小さなお子さんをお持ちのご両親には、子どもの絵を見て、色の解釈から一喜一憂したり不安にならないでくださいとお伝えしているんです。ある色が何かを表すといった解釈を気にするより、絵を見て「これはなあに？」と聞いてあげながら、たくさん会話をして一緒にいる時間を深める。これが何よりも重要。子どもと時間を過ごすと色々なことが伝わってきます。向き合うことが一番なんですよね。色の解釈なんて忘れましょう。

ただどうして紫色が、こんなに社会に神秘的な印象を与えるのか、そこは考えますね。紫色の高貴さは、染料の価値にありました。神聖さは、古代の鮮やかな色がみな持っていたもの。紫色は赤にも黒にも青にも近くなる色で、実際の染色でも貝紫や紫草のように不安定な色の変化を見せました。不安定だから怖いような印象になるのでしょうか。

さて、微かにでも人に一貫した影響を長く深く与えるとしたら、そこには何か生命との関わりがないと説明がつかないというのが、個人的スタンスです。そうして考えていくと、ありました。

どこかにぶつけて打ち身を作ったとき、どんな色になるでしょうか。皮膚には暗い紫や青紫、赤紫と次々に色が現れますね。紫斑《しはん》と呼ばれるこうした色は、変化し消えていく過程が回復の証です。恐らく人類の体毛がなくなり肌が露出されてから、私たちの祖先はずっとそれを見てきたでしょう。紫は不安から日常へ戻る儀式のように発生した色だったかもしれません。

また血行障害や病気によって唇や顔、指先などが青紫になってしまう紫藍症《しらんしょう》と呼ばれるチアノーゼの症状。赤ちゃんが長く激しく泣いたときなど、酸素不足になり、からだが青紫色に変化してしまうことが。

そして現代の私たちの日常ではほとんど見ることがない、死者の身体的な変化の様子は死斑《しはん》となって現れます。ここでも時間の経過とともに皮膚に赤紫や青紫が現れ、その変化は太古の人類にとって「二度と動くことがない」死というものを理解するシンボルの色になったでしょう。

手で触れられる赤い血は、実感を伴った「体験」の色ですが、紫は現れると徐々に変化し、発症した皮膚に触れても「色に触れた」という実感は持てなかったはず。そんな色なのに、命にとっては回復と死のシンボルでもありました。紫にずっと伴う不思議さは、ここから生じているのかもしれません。

人類の歴史のなかでの紫と人の関わりは、命を軸とした神秘さと計り知れないような恐ろしさがあります。それが人を惹《ひ》きつけてやまない力となり、赤のようにわかりやすくないことが、時として赤よりも魅力的に感じられるのでしょうか。

まあ想像でしかありませんが、だからといって紫色が癒しの色になるとか、神秘の潜在能力を引き出すとか、そんな話にはなりませんから。だって「紫が不思議さを感じさせる色」なので「紫を持ったら不思議な力が得られる」という方程式ならば、「美人はステキ」で「美人に触れたらステキになる」になっちゃいますよ。あら、それもいいけど、まあ起きませんね。そしてもし紫色の力で癒しが与えられるというのなら、すべての色が癒しの色になる、これが本当でしょう。

それにしてもからだに現れる紫色が複雑な生と死のシンボルだとしたら、それを恐れるより、高貴で美しいととらえていた日本の古代文化は興味深いですね。その根底には無常観をそのまま受け入れる姿勢があったからかもしれません。死への恐れより、超越した存在に崇高な美を見たのでしょうか。同じ色への反応が、文化や時代によって異なるのも、また色の興味深いところですね。

第7章 ピンク

1 女性はみんな「ピンク好き」ですか？

やわらかなピンクのイメージはかわいい、やさしい、幸せ、女らしい、ロマンチック、夢などがあげられます。これらのイメージを嫌う人はあまりいませんから、その色は好かれることを意味しますね。でも濃いピンクには、いやらしい、不安定などのイメージも生まれ、色の濃淡で差がありそうです。

一般に「女性はピンクが好き」といわれ、日本の情報誌や各サイトなどが行っている「色の好き嫌い」アンケートでも、最近は必ず好きな色の上位に登場します。そして女の子向けの玩具や文具の色にピンク色が多いところを見ると、女性は幼少期からみんなピンク好きということなんでしょうか。

いくつかの児童の好きな色調査（日本色彩研究所、学研ほか。２００９～15年）は、なかなか興味深いものです。

まず3歳から6歳の女児。好きな色を聞くとピンクがダントツ。ほとんどの調査では、90％近い女児が好きと答えます。確かにこれじゃあ女児向けの商品はピンクになりますね。ちなみに同年代の男児は青が一番好きな色です。

そして小学校1年生の女子はやはりだいたいピンク好き。それが2年生になると、水色がピンクに逆転または拮抗《きっこう》します。3年生くらいで水色がはっきり逆転し、6年生では一番人気が水色のまま好きな色が分散され、さらに白、黒といった大人びた色も人気を集めてきます。

女の子がピンク好きといわれるのは、例えば3歳から12歳の女子のピンク嗜好が70％に近いとすると、同年代領域の男子のは9％にも満たない

（数字のバラつきはありますが、どの調査でも女子と男子の差は圧倒的）ので、確かに男の子と比較したら女の子のピンク好きは鮮明になりますね。

そして日本の過去の調査、色の提示や選択肢が違うので単純比較はできませんが、1973年の千々岩英彰先生の調査では、5～6歳の幼児は、純色（混じりけのない強い色）を好む傾向が強い。男児は青、緑、黒などを好み、女児は赤紫、赤を好み、色の差が大きい反面、黄、橙、ピンクなどを好む点は共通しているという結果が出ています。また小学生は大人とほとんど同じで、男女差は小さいという結果。このひとつの調査だけではわかりませんが、その時代による影響が出ると考えられます。

実際に研究者の間でも、色の嗜好が生得的な、つまり生物学的要因があるものか、それとも文化によるものか意見は分かれるところなのです。

2007年、イギリス・ニューキャッスル大学の視覚神経科学者、アニヤ・ハールバート教授が、女性は男性よりピンク好きか、それに加え、なぜ女児向けの商品はピンクなのかについて実験、考察し、一時期ネットを賑わせました。発想の発端は、女児向けの商品がピンクばかりだと気付いたときだとか。ほらね、別の国でも同じ。やはりみんな疑問を持つのです。

　実験は色がついた長方形を次々と見せ、反射的な色の嗜好を調査するという手法。結果をみると、青については男女差がなく、赤みを帯びた色で男女に差が生じ、女性はより赤みに寄った色を好む結果となりました。だから「ピンクやライラック（薄い藤色）が好きな色になる」というのです。

　研究者はこれにより色の嗜好に男女差があるということを検証でき、「女性がピンクを好むのは先史時代に男性は狩猟、女性は赤い果実を採取する役割があったから」と考察。さらに「赤は健康を表す顔の色」といって、こうしたことから「赤系好み」が作られたのだと述べています。つまり色の嗜好差には遺伝的要素があるという意見です。

　確かに、進化の過程での雌雄差は種の繁栄に役立っているので、色への反応に違いが出ても不思議ではないでしょう。証明は難しいですが、ほかの生物としての男女差の現象を考えると肯定できそうです。それを背景に、青についてはあまり差がないので、「女性に特化したマーケティング」を考えると、女児向けの商品にはピンクが多くなるという意味。

でも残念なのは「果実の採取」だとしたら、熟した果実の色は赤だけじゃなかったはずだし、何より「赤系統」が起源なら、ピンクではなくオレンジだってよかったはず。でもピンクなんですよね。なぜこの色だけがこうも女性を惹《ひ》きつけるのか、そしてかわいさを感じさせるのか、うまく説明ができないのです。

ほかにも、実験ではありませんが日本のマーケティングの方面から、ピンクは赤ちゃんの頬の色を思わせるから、女性が好きなのだという話が流れています。いや、その発想、日本人のことだけで、ほかのダークな肌の色をもつ人たちを考えていませんよね。不自然でしょう。そう、このピンク問題はなかなかの難問なんです。

これとは別に、色の嗜好は文化や社会に影響されるという意見もあります。

実際に現代の3歳から6歳の女児に、なぜピンクが好きなのかを聞くと、「女の子らしいから」、「かわいいから」という答えが一番多く返ってくるのですが、いくつかの母親への意識調査では、女児を持つ母親が子どもに着せたい服の色はピンクが1位で圧倒的強さです。

また「親が着せたい服の色」と「子どもが着たがる服の色」の調査でも、ピンクにはとても強い相関性、つまり親が着せたいと思っている家では女児も着たいと思っている、このつながりが強いということがわかっています。「ピンクってかわいいね」という親子の会話や、「女の子はピンク」という無意識の「社会的通念」が親側にあるのではないでしょうか。

また1989年の調査では、女児が着たい色で親が着せたい色のトップは赤でした。そんな親の感覚が千々岩先生の調査結果に影響していた可能性もあります。そうだとしたら、ピンクへの嗜好は、文化や社会に影響されるといえますね。

さらに親の影響は男児も同じで、幼児・小学生の男子は青を好み、青の服を着たがり、男児の親が子どもに着せたい服の色は圧倒的に青。ピンク、青ともに親の意識が子どもの色の好みに影響しており、加えて男児の多くの親は、ピンクは女の子の色だから、という感覚をこれもまた無意識に持って子育てをしていることがわかっています。こうした現代の日常から、社会でピンクの「記号化」が形成されていくと考えられます。

だから例えば「プリキュアシリーズ」。主人公の女の子や女性たち、また妖精などのよいキャラクターはピンク、クリーム、水色、白、藤色と、明るく澄んだ色で登場します。これに対して男性は濃い色か灰色を中心に、控えめな色合い。敵方の悪いキャラクターは黒と強い紫をベースに、大毒々しさを強調しています。並べてみると、色彩構成の差がはっきりしていて、大人が考える「女性」や「かわいい」、「やさしい」、「美しい」と、「男性」、「強い」、そして「怖い」、「悪い」などを、大好きなアニメから、子どもたちは無意識に学んでいるといえます。

ほとんどの女の子のヒロインはピンク中心。玩具や文具などにそれが転換され、女の子のピンク、かわいいピンクがわかりやすい形で再び伝搬し、こうやって社会での色の記号化が強化され、循環していくように見えますね。つまりピンクの嗜好やイメージに、文化が創り出す比重は大きいように見えるのです。

2 ピンクの意味を熟知したポンパドゥール夫人

女の子のピンクで誰もがすぐ思い浮かべるのが、赤ちゃん用品のベビーピンクでしょうか。日本では出産祝いに、女児はピンク、男児はブルー、性別がわからない・こだわりたくないならクリームというのがわりと一般的。昔からヨーロッパではそれが伝統的というイメージもありますが、実はピンク色と赤ちゃんのつながりは新しく、定着したのは1950年前後のアメリカという話があるんです。

メリーランド大学、服飾歴史学者ジョー・パオレッティによると、1918年のベビー服業界誌に、「はっきりしてより強いピンク」は男児用、繊細で弱いブルーが女児用という説明の記事があると指摘しています。男児は元気、女児はおとなしいというイメージなのでしょう。

ここでいう「ピンク」と「ブルー」がどんな色かはっきりしませんが、当時のアメリカではまだピンク色が女の子向けでないことは確かです。また19世紀のフランスで新生児の女の子にピンクを着せる習慣があったという話もありますが、ローズボンボンというショッキングピンクのような強い色。ほかにも乳児のピンクやブルーについて、白の代わりという説、キリスト教のマリアの衣の色の影響という説、第二次世界大戦後にピンクが女性の色になって、その影響という説など様々。とにかくどんなピンクかだけでなく、歴史的発祥の理由や時期について諸説あり、断定は難しそうです。

ちなみにそのヨーロッパでのピンクの出現率を見ると、やはり突出しているのは18世紀のロココ様式。この時代の配色が、私たちが思い浮かべる「ロマンチックカラー」といえますね。当時は男性貴族もお化粧が大好き。そんな女性的な時代になったのも、その前時代の太陽王ルイ14世が絶対王政の統治をし、堅苦しい宮廷が貴族にはものすごい不評。そのルイ14世死後の8年間、オルレアン公（フィリップ2世）が幼いルイ15世の摂政として政治を司ると、あの格式ばった宮廷を好まず、気楽なサロンスタイルを好み、ロココの特徴となるサロン文化興隆の基盤が作られたといわれます。また愛妾《あいしょう》が堂々と社交界でふるまえたのも、そうしたことを憚《はばか》らない人物だったからとか。そして女性好きな15世の時代になると、そんな遊びの文化に拍車がかかっていくのです。

サロンは女性が主宰することが多く、哲学者などの学者や画家、詩人などの文化人を招き、貴族や市民が共に集えた場所でした。夫はその妻を支えるのが最大の役目。だからこそ、女性的な文化がこんなに花開くことになったのです。

ロココ様式の神髄である、やわらかい色彩や素材感、軽やかで繊細なものたちであふれる時代に好まれたのは、明るい色。その極みの白に合わせられた、ピンクや水色、クリームと軽やかな色たち。濃いめの色が主役にならないのは、白と配色すると軽さが損なわれ、深く思考しないお約束の貴族文化に合わないからでしょう。

というのも、女主人たちの気を引こうと男たちまで軽やかさに走り、当時の絵画も男女の駆け引きやエロティックな題材を華やかに描いたものが中心。美術的な価値はあまり見いだせませんが、デザインの世界では繊細な美の表現、ヨーロッパの美しさを代表する意匠といえます。

フランソワ・ブーシェ《ポンパドゥール夫人》
©www.bridgemanart.com/amanaimages

そしてこの時代、ピンクをとても愛した女性がいました。当時の宮廷文化をけん引した人物の一人、ピンクの色名にもその名を冠した「ポンパドゥールピンク」のポンパドゥール夫人です。

フランス王ルイ15世の愛妾、美貌だけでなく、非常に高い美意識とビジネスセンスで権勢を振るったといわれ、時代のファッションアイコン、芸術家のパトロン。モンテスキューと文学を語ったり、楽器の演奏をし、絵を描き、歌も好きでオペラや芝居にも出演。読書量も大変なものだったとか。やがて美しい磁器を作る工場を手にし、采配を振るうことに。あの「ポンパドゥールピンク」は、青みのある華やかなローズ系のピンクで、この工場で作られた磁器に使われました。

でも彼女は貴族ではなく平民です。叔父が文学や芸術などあらゆる一流の教育者をつけてくれたといわれるも、この叔父は母親の愛人の一人という説も。またその母こそ、男性を惹きつける手練手管を彼女に教えた人物といわれます。

ポンパドゥール夫人は、長く対立してきたオーストリアとの和解（外交革命と呼ばれ、17世紀以来対立してきたハプスブルク家とブルボン家が同盟を結び、その後のヨーロッパの歴史にも影響を及ぼした）を成立させたといわれますが、理屈や大義名分より、女性的な感性をうまく使った結果に見えます。その一方で、ルイ15世のために、若い平民の女性を斡旋《あっせん》するための娼館を作り、女性たちにその技を教え管理していたとも。大変なやり手と思って間違いありません。

そんな女性だからこそ、男性との関係をよく理解し、ピンクが伝えるイメージをはっきり意識して、使いこなしていたのかもしれません。彼女にとってピンクは人生の知恵なのかも。

3 「かわいい」と「ピンク色」の関係は？

女児がピンクを好きな理由に「かわいいから」、「女の子らしいから」という答えが多かったわけですが、世界中に広まった、この「かわいい」という言葉。辞書で調べてみると「小さいもの、弱いものなどに心引かれる気持ちをいだくさま」と説明があり、「かわいい」にはすでに心が惹きつけられる状態も含まれることがわかります。だから「かわいい＝高好感度」なのですね。

ひと昔前まで「かわいい」は、幼い子どもや小さい動物などへの愛おしさを表す使い方が一般的だったので、２０００年代に入ったころ、おじさんを見て「かわい～！」と言った若い女性たちに、ボキャブラリー不足と嘆く人もいました。それも今では当たり前。そして「かわいい」はさらに発展し、世界共通語へ。言葉は「生きもの」といわれる理由がよくわかります。

古典では清少納言の『枕草子』のように、スズメの子が飛び跳ねて来る様子や、小さい子どもたちの様子を「うつくしきもの」としているので、それが現代の「かわいい」の同義語として訳されます。これとは別に『徒然草《つれづれぐさ》』のなかでは、年老いた僧がよろけているのを見て「よろめきたる、いとかはゆし（見るにしのびない）」と表され、「かわいい」の語源のひとつになりました。つまり現代の「かわいそう」はこちらです。

こうしてみると「かわいい」には、見ていて微笑《ほほえ》ましく感じられるような感覚と、自分より弱い立場にある者に対して、見過ごせない、助けてあげたい気持ちにさせられるという、両方の感覚が含まれているわけです。

その様子をビジュアルやイメージで一般的に定義してみると、「かわいい」に共通する状態は「小さい、丸みを帯びている、やわらかい」。色なら「ピンクなどのパステルカラーや明るく澄んだ色が中心」。関連するイメージは2通りあり、大人も共感できる「ロマンチック、やさしい女性らしさ、穢れなさ」がひとつと、少女たちに見られる「元気、明るさ、無邪気さ（子どもっぽさ）」などがベースに挙げられます。

日本のかわいいは多様化していますが、オーソドックスなところで、ふんわりメイクのきれいなモデルさんを見て「かわい〜!」と叫んでいたら、それはロマンチックで女らしさが源流にあるかわいさ。「キティちゃん」などのキャラクターグッズを見て「かわい〜!」と言っていたら、元気や明るさをベースにした子どもっぽいかわいさ。こうしてみると少しわかりやすい。

そしてピンクが「かわいい」の主流になるのは、淡いピンクは女性的でロマンチックな色の代表になるし、濃いピンクは元気な子どもっぽさを表現できる、つまりどちらのイメージにもピンク濃淡で対応できるからです。これはかわいい王者ピンクだけの特徴。いや恐るべしピンク。実力がちがいます。

でもなぜ「かわいい」がピンクになるのか。前の項では「狩猟・採集仮説」のような人間に生得的に備わったものという説と、母子伝達のように文化が作り出したものという話をお伝えしました。母子間の伝搬があるなら、やはり文化説? まあ個人的には「両方」説。あれ、すみません、欲張りで。

文化説の検証として、最近はピンクこそかわいい色の代表ですが、同じ日本の大正時代に作られた童謡「金魚の昼寝」では「赤いべべ着たかわいい金魚」と歌われ、この「赤」は美しさの象徴語ですが、「かわいい」と続いていますね。明治や大正時代の少女雑誌を見ると、描かれた女の子に赤は必須。赤いリボン、赤い着物、赤い服、そして赤い唇。赤は女性の色だけでなく、少女の魅力、つまりかわいらしさを引き出す色としても使われていたのです。

時代的には、画家の竹久夢二が、男性からの視点でアンニュイな女性のやさしさを描き、つづく中原淳一は、女性たちがあこがれそうな、かわいい女性を描きました。そして現在の少女漫画のお手本になった高橋真琴が、少女目線で描いた少女のイラストこそ、当時のロマンチックでかわいいのお手本、あこがれの西洋の姿、ロココ調につながる世界観を持っていました。

これらの絵やイラストの色遣いを見ていると、赤が主役でピンクが脇役だった時代から、だんだんとピンクが主役になっていくのがわかります。そんな時代の変化が、少女たち、後のお母さんたちのピンク嗜好を作っていく背景のひとつになっているると思います。

こうしてみると、ピンクの立ち位置は後天的に生じているので、文化・社会の影響によると考えられるでしょう。

ただ、なぜ姉妹の色、赤を薄くしたオレンジにならずに、ピンクなのか。やっぱりそこがスッキリしないんですよね。この事実をどう説明するかなんです。そうするとわずかな影響力かもしれませんが、この「ピンクだけが持つ背景」の関与、つまり文化以外の、生得的なものを考えたくなるわけです。

ここで思い出すのが、赤の章で出てきた「鍵刺激」。例えばツバメのヒナの、クチバシの両側にある黄色が「鍵刺激」で、クチバシを大きく開けて目立たせたヒナほどエサをもらいやすく、この色が親鳥の「エサをあげなきゃ!」という本能行動のスイッチを押す、あの「鍵刺激」です。

そして新たにもうひとつ。ノーベル賞を受けたオーストリアの動物行動学者コンラート・ローレンツが「ベビースキーマ」と呼んだ古典的概念。これは人間など一部の生き物は、赤ちゃんや別種の幼体に出会ったとき、その形態に触発されて、世話をし

©真琴画廊

たくなるような感覚（養護反応）が生まれるようプログラムされているという主張です。

形態には共通性があって、頭が大きいとか、全体に丸みがあるとか、目が大きいとか、やわらかいとか、いくつかの項目があげられています。何だかこの形態って心あたりがありませんか？　そう、私たちが日常で「かわいい」と言っているものに共通しています。この特徴が強いと、相手が赤ちゃんでも動物や何かのキャラクターでも、人はそこに「かわいさ」を感じる。しかも幼児すらこの感覚を持っているから、これは文化ではなく「生得的な反応」だとしています。

さて、これらの説から、オレンジじゃなくピンクという背景を考えると、赤ちゃんの何がピンクなんでしょう。ピンクの頬は確かに目につきますが、それは人種によってさまざま。しかも太古の人類は赤ちゃんも毛深かったでしょう。だから皮膚の色はだめです。じゃあ、どこを？　ありました、「口のなか」。ここならどんなに太古でも「ピンク」じゃないですか！

妊娠し赤ちゃんを産むことで、お母さんは授乳などに関係する脳内ホルモンが活性化されます。授乳中は赤ちゃんの泣き声を聞いただけで、母乳が出てくることも。

泣き声や匂い、触れた感触など、五感からの色々な情報が刺激となって、心身ともに母性が強化されていくのです。

ここで色覚が人類の存続に有利に働いたことや、色覚を持つ動物たちに鍵刺激の色があることを考えると、母子間の刺激に、色からの情報があってもおかしくないと思いませんか。

そして、それが赤ちゃんの唇や口のなかのピンクだとしたらどうでしょう。パクパクしている赤ちゃんの唇と口のなかのピンクを見て、お母さんにわいてくる感情を言葉にしたら、「愛おしいなあ」とか、そう「かわいいなあ」ではないでしょうか。あのベビースキーマの「形態」と同じように、養護反応が「色」から引き起こされても不思議ではないと個人的には思っているのです。
客観的に考えると、人間ほどの複雑な生き物

で次世代の命に関わる問題ならば、本能行動を押すスイッチがいくつも必要だったと思われます。母乳を与えるなどの養育行動を促す鍵刺激のようなものは、五感のすべてを総動員。だからピンクはそのうちのひとつとして、例えば泣き声で視線が口元へ。そして授乳したいという気持ちが生まれているとき、母親が注目している口元は必ずピンク。それが後に「かわいい」という言葉になる感情と一緒に刷り込まれてきたと考えることができる。ピンクが鍵刺激か鍵刺激じゃないかというより、「授乳したくなっているタイミング」で目にしている色が、赤ちゃんの口のなかの「ピンク」だったということ。

　だから私たちが今「かわいいなあ」と感じるのは、オレンジやほかの色ではなく、ピンクになる。はい、どうでしょう、これだとうまく説明がつくんですよね。誰も言わないから言っておきます。

「かわいい」とピンク。女性とピンク。文化が一番大きくこのつながりを育んできましたが、その根底には、赤ちゃんを養育するという人類の設計図の端っこ、そこにあった色の役割が、ずっと通奏低音のように潜んでいた、なんて考えているんですけどね。ま、ピンクでこれだけ話を広げられるのは、まだまだ奥が深いという証拠ですね。

4　男性とピンクの関係は甘くて怖い永遠の課題

1995年と少し過去ですが、千々岩英彰先生が実施した世界20か国の調査によると、「女性と聞いてイメージする色」という質問に対して、47色も選択肢があるなか、ピンクはほぼ文化差なく、男性が選ぶ色の1位、2位にズラリと並びました。また少人数の調査ですが最近でも、女性をイメージする色の1位がやはりピンクだったので、近年は時代が変わってもあまり変化はしないようです。

一般的にアンケートは、時代や地域、対象者によって結果が左右されるといえますが、社会を見渡してみると多くの男性にとってピンクが女性を連想させる色といっても、さして強い反論はないでしょう。じゃあ男性はピンクが好きなのね、と思うと、いえいえ、その気持ちはちょっと複雑な様子。

ピンクが「好きな色」の上位に必ず入る女性とは異なり、男性は幼児から60代以上のどの年代でも、「嫌いな色」の上位にこれまた必ず入ってきます。男児にとってピンクは「女の色だから」ということで嫌いらしい。また社会的に、女児より男児への「男の子は男らしく」という期待が大きいためか、よけいに反応しやすくなるのかもしれません。しかし様々な調査では異なる結果が見られ、その重層をなす心象が浮かびあがることに。

例えば情報誌などの調査によると、「女性の服で好感を持てる色」は、白系、青系に次いでピンク系となっているのに、別の調査では「デートに着てほしくない色」でピンクが1位。でも女性がつける「口紅の色で一番好きな色」はピンクって、ああ男子よ、もうかなり混乱しているね。

個人によって感じるところは違うでしょうが、色の個性が弱い、淡いピンクや水色、白などは、一般的に嫌悪されることはほとんどないといえます。

ただ濃いピンクだと強烈なメッセージ性が生じ、色の持つ「女性性」が強く伝わって、男性は言葉にならない圧迫感や恐れを感じそう。そんな色をデートに着てこられたらね。周囲の目もあるし、もし初めてのデートだったら及び腰になっても仕方ないかも。女性から積極的にこられると、結婚はコスパ（コストパフォーマンス）が悪いという最近の男子なら、よけいに敬遠したくなるのでしょう。

とはいえ、男性の好きな花の色はピンクが1位、好きな花は桜と、女性が身につけていなければピンクが好きなんですよね、やさしい色だから。複雑ですねえ。また女性でもピンクは嫌いな色として上位に位置します。女性性を前面に押し出す色のイメージが、いやらしく感じたり鼻につくのでしょう。

男性にとって「好きだけど怖いので嫌い」といいたくなるピンクは、男性が身に着けるにも注意が必要な色です。例えば日本男子、欧米に行く際にはご用心を。なぜならこの色は同性愛者の色といわれます。だから男性が着るのは特別な意味があるはずと思われやすいのだそう。

もちろんまったく男性が着ないというわけではありません。あのサッカーのクリスティアーノ・ロナウド選手だってピンク色のセーターを着ていましたし、洗練された男らしい美形が着るのは許されるという話もあります。英語でピンクには「おしゃれ」や「めかしこむ」という意味もあるので、日本のイメージで行くと間違いのもとに。

一方、日本の男の子はピンクが嫌いと小さいうちから答えているわりに、この色を着ることに欧米よりは抵抗が少ないのかもしれません。ピンク男子という言葉をときどき聞きますが、今から30年前でもピンク男子は存在。女性ファッション誌の企画で、当時人気絶頂のジャニーズアイドルが「ピンク！　ピンク！」というタイトルでピンクを着まくったグラビアがあるくらい。すてきな人が着れば高評価なのです。

でも日本で最も美しいピンク男子が登場を果たしたのは、もっと古く『源氏物語』でしょう。紫式部は主人公の光源氏に、やわらかなピンク色をまとわせることで優雅な美しさ、なまめかしさ、そしてすべての人の目を惹きつけるという人物設定を効果的に演出しました。

それは「花宴《はなのえん》」の巻。宴の夜に初対面の高貴な女性とこっそり通じた光源氏は、後日その父親である右大臣に招かれた藤の宴にわざわざ遅れて登場します。そのときのいでたちは「桜の唐《から》の綺《き》の御直衣《のうし》、葡萄染《えびぞめ》の下襲《したがさね》、裾いと長く引きて」という姿。ほかの者がみな男子の正装で集まっているとき、わざと一人だけくだけた普段着姿。色は下が透けるような白の上品な織りの、今でいう着物のようなものを着て、その下に着たくすんだ赤紫がふわりと浮き上がる仕掛け。桜色のような淡いピンクの色に見えるのです。物語では光源氏の美しさに花も圧倒されて美しさが薄れてし

まったとまで書かれています。これ以上に美しいピンク男子、いないでしょう。
濃い色に価値があった時代に、紫式部はこの淡い色が持つ価値を感覚的に見抜いていたのです。そして男である主人公に着せることで、彼が性をも超越する天性の魅力を持つ人物であることを描きました。紫式部のその感性もまたあっぱれといいたいですね。

　ところで英語で「フレッシュ・ピンク」といったら、肌の色の一番美しい部分の色。またピンク色の肌は健康の証。でも「have a pink fit」でカッとなる（怒りで顔に赤みがさす）という表現を見ると、黄色人種の黄みがかった肌より白色人種の肌のほうがピンクとつながりやすいのでしょう。

　またそれは男性の肌より白くやわらかな女性の肌、例えば画家ルノワールが描く裸婦の、豊潤で甘美なピンクの肌をイメージするとわかりやすいかもしれません。

ルノワールは作家のモーパッサンと交流があったのですが、同じ世界を見ていながら、ルノワールにするとモーパッサンは「何でも暗く見ている」と感じられ、モーパッサンからするとルノワールは「何でもバラ色に見ている」と感じていたそう。

それは楽天的というイメージかもしれませんが、事実、ルノワールが描く女性たちの肌色の美しさが、バラの花のようなピンクにあふれていることは確か。女性関係も多かった彼の理想の色なのかもしれません。

こうしてみると世界的に男性にとってのピンクは、女性の存在から離れられないようです。社会が記号化してきたとしても、それは女性の養育行動にとってのピンク同様、広く根付く要素が根底にあると考えてみたいところ。それ、何となく予測がつきますよね。男性からみたピンクと女性の関係。そう、繁殖行動です。

赤の章で、チンパンジーのオスの性行動を始動させる鍵刺激の話をしました。メスの発情期を知るにはお尻の赤い色が重要というもの。色は濃ければ赤だし薄ければピンク。太古のお母さんが赤ちゃんの口元を見ていたのと同様に、太古のオスはメスのお尻を見ていたわけです。それでいつOKが出るかなぁと。女性がピンクを見て「かわいいなぁ」と感じるとき、同じピンク色を見て男性が感じている「かわいいなぁ」はちょっと質が違うということですね。

そういえば「かわいいと思う年齢」についての調査では、5歳以下にかわいさのピークをみる女性の数は男性の2倍ほど。反対に、21歳から24歳がかわいさのピークと考える男性は女性の2倍近く。

ほらね、何がかわいいのか、ピンクに対しての反応と同じではないですか。やれやれ、甘くてやさしくてかわいくてって、それが永遠の妄想だといつ気づくかな?

ピエール=オーギュスト・ルノワール
《ジャンヌ・サマリーの肖像》

第8章

白・灰・黒

1 白くするのは大変なこと？

「白」と聞いて浮かぶのは、ウエディングドレスや看護婦さん、雪、白米など、身近にある具体的なものと、清潔、無垢《むく》、神聖、平和、無、緊張などのイメージでしょうか。例えば、真っ白な雪の上に初めて足跡をつけるとき、「汚《けが》れないものを汚す」感覚が、躊躇《ちゅうちょ》や緊張（人によってはワクワク感という興奮）を生みます。無垢だからこそ、リラックス感ではなく緊張を呼ぶのです。

でもこれ、実はイメージだけじゃありません。部屋の壁を真っ白にすると、白は光の反射率が高いため疲労するといわれ、表面が凹凸の壁紙を使用したり、オフホワイトを使うなどの工夫がされているのです。明るくて清潔感のある色ですが、あ

レオナルド・ダ・ヴィンチ《受胎告知》 ©www.bridgemanart.com/amanaimages

まりに白が強くなるとリラックスできないのは、心もからだも一緒なのかも。
では同じ白でも英語圏のホワイト、このイメージはどうでしょう。
高い霊性、賢者の色であり、潔白、公平、清潔な色。純粋な処女性のシンボル。キリスト教で重要な「白いユリ」は、聖母マリアの純潔を表す象徴として、レオナルド・ダ・ヴィンチらが描く「受胎告知」のシーンに必ず登場します。またグリム童話『白雪姫』の「白」も処女性の象徴。赤い唇や赤いリンゴが登場するストーリーは、成熟の行方を中核とした物語と読む研究者もいます。ちなみにあの白いユリは、フランスのブルボン朝と神の神聖なつながりを示す王のシンボルになり、後のフランス国旗の白もそこから来ているといわれています。

ホワイトには、死や亡霊、恐怖のイメージも。古代ヨーロッパ各地で、最初の喪服は白で、黒はその後に広がった風潮なのです。また欧米の古い映画で幽霊は必ず白い姿で描かれ、アメリカのアニメでスピルバーグが映画化した、かわいい子どもゴースト「キャスパー」も、お約束通り白でしたね。

日本語、英語ともに光の明るさを表現しますが、月の光のような「青白さ」を指す一面があり、そうした印象から派生して、太陽光とは異なる不安定さが垣間見えるのかもしれません。とはいえ汚れのない色として、古代から世界中の宗教に共通して登場する神聖な色。日本では神道の神主さんや巫女さんは白い着物を着ています。しめ縄やお祓いのときに見られる白い紙、「紙垂《しで》」が最初に登場するのは『古事記』なので、古くから白に神聖さを感じていたことがわかります。また聖書では、神は白い玉座《ぎょくざ》に座り、天使、殉教者たちが「真っ白い亜麻布を身にまとう」と表現されたり、古代エジプトの女神イシスの神官も白しか身にまといませんでした。

この「神は白い」伝説が悲惨な歴史を生んだ例もあります。古代メキシコのアステカ王国が、あっという間にスペイン人に滅ぼされた背景には、「白い肌をした神」が現れるという予言があり、人々がスペイン人を神だと思ってしまったことが一因ともいわれるのです。

さてその白の顔料といったら、古代では白亜《はくあ》と胡粉《ごふん》。白亜はチョークになる石灰岩の一種。胡粉は貝殻を焼いて作る粉、日本画では白の顔料として使います。どちらも古代の国々で白粉《おしろい》として使われていた時期があります。

では古代に白の染料はあったのでしょうか。いえ、真っ白に染められるような材料を探すくらいなら漂白したほうが早いと気づいていて、それはありませんでした。その代わりいかに白くするか、熱心に研究されていたのです。

初期の漂白と洗濯に区別はないようですが、エジプトでは紀元前3000年ごろにはもう「洗濯」という象形文字があり、水のなかの二本の足で表現されていたとか。つまり「踏み洗い」ですね。今でも手軽で確実な洗濯法です。

衣服の「汚れを落とす」という行為は、古代エジプトをはじめ、キリスト教でもイスラム教でもヒンドゥー教でも仏教でも、日本の神道でも、すべての宗教儀式や教えに必ず含まれています。それは神が「汚《けが》れ」を嫌うという理由からですが、もとは生き物の本能といえるのではないでしょうか。

鳥のヒナが巣のなかでフンをすると、親鳥はそれを外に捨てますね。誰が教えたわけでもないのに。巣にフンがあると細菌などでヒナが病気になるかもしれず、それを阻止すべく生まれた本能的な行動です。

水浴び、砂浴びなども同様の理由。多くの生き物は清潔を保つなど何らかの方法で病気を避け、生存率をあげようとする生得的な行動、習慣を持っています。汚れがなくなるとそこに清浄さが生まれ、その個体の遺伝子は残りやすくなるという繰り返し。それが種全体に広がっていきます。並行して「清浄だと気分がいい」とかの感情も行動を促す仕掛けとして、生命の設計図にこっそり入ったかもしれません。

世界四大文明は大河のほとりで誕生しましたが、人類が衣服を着るようになると、水浴びは衣服の洗濯にもつながりました。その汚れがない状態を最も象徴するのが「白」でしょう。命をつなぐ清浄さの重要性は（無意識に）白に投影され、それが精神性につながったのが、宗教の白かもしれない。そう考えていくと、何だか人間が白にこだわる気持ちの根底にあるのは、汚れを排除し命の鎖をつないでいこうとする本能に裏打ちされているのではないか、ちょっとそんな考えに行きつきますね。白は命を守る色だった、とかね。

さて話を漂白に戻すと、古くはその地域の環境から洗浄できるものを見つけて使用していました。古代エジプトやメソポタミアでは天然ソーダや粘土など自然のものを利用。さらに植物を焼いた灰を水に溶かし、上澄みで作った灰汁《あく》に浸す漂白方法がみつかり、日本にも3世紀ごろに伝わっています。また水にさらして太陽にあてることを繰り返す「川晒《さら》し」や、日本独自の方法として、雪の上に布を置き太陽にさらして漂白する「雪晒し」という技法も生まれ、漂白の技術は高かったようです。『万葉集』で持統《じとう》天皇が詠んだ「春過ぎて夏来たるらし白妙の衣干したり天《あま》の香久《かぐ》山《やま》(春が過ぎて夏がやって来たようね。天の香久山に真っ白な衣が干してあるのが見えるもの)」は、普通に白い衣を干しているのではなく、太陽の紫外線の強さがちょうど漂白に適したころとなり、干されているのだとする説もありますね。

エジプトなどから洗浄・漂白の知識を得たヨーロッパでも、研究が重ねられていき、白を愛した古代ローマでは、灰汁だと羊毛の織物が傷みやすくなることに気づき、燃やした硫黄《いおう》で蒸したり、さらには発酵させた「尿」を使って漂白をしていました。当時は街なかに人の尿を集める場所が設置され、この尿に税金までかけられたこともあったそう。しかも歯を白くするにも尿を使ったという話もあり、想像はしたくないですが、とにかく古代ローマでは白くない肌や歯、羊毛や布をより白くすることに、人々は熱心だったわけです。

ちなみに15世紀のイタリアでも、一工程として石鹸や灰汁、発酵尿など総動員して長い時間と手間をかけた漂白方法があり、大変な作業が行われていました。でもそれはお金がある人の話。染色したり漂白したり、そんな手間をかけた高価な布や織物に縁がない者は、漂白されていない羊毛そのままの色を身に着けていたのです。色も白もお金持ちのものだった時代です。

それにしても、今でこそ真っ白な布は当たりまえですが、白くするのはやっぱり大変な時代があったわけで、強い思いがないとたどり着かない色、それが白だったのですね。ラクな現代に生まれてよかった、なんて思っちゃいます。

2　シャネルがやめた白い肌

近年高まる美白信仰と、日焼けによる皮膚がんなどのリスクが指摘され、日本の若い女性に日傘が復活の兆し。紫外線から肌を守り、白く美しい肌の状態を保つという発想は普通に感じますが、「美白」を英語で説明するのはなかなか難しいそうですよ。なぜならそうした発想が欧米にはないから。ヨーロッパでは日焼けした肌が、リッチな長期バカンスを楽しめるクラスの証であり、アメリカでも白い肌は不健康、小麦色の肌が健康的に見られるため、日傘の使用はもちろん、美白には無関心。美しい肌と色白は別ものなんですね。

そんなヨーロッパでも「白い肌」が美の基本だった時代は長く、それは古代から始まっていました。

紀元前3000年ごろのエジプトで、神官や王家の人々によって始まったといわれる「化粧」。彼らが肌にぬったのは黄土色、明るい黄金《こがね》色です。古代エジプト人の人種、つまり肌の色の特定は難しく、地中海沿岸地域とアジア、アフリカ地域の人々が混在、混血した場所が古代エジプトといえ、そんな彼らの肌の色として最もマッチする明るい色が「黄金色」のファンデーションだったのでしょう。

同時期の古代ギリシアは男性中心の文化で、時代が下ってから、身分の高い女性たちの間で白粉《おしろい》などの化粧法が広まっていきますが、どちらかといえば表面を飾る化粧は、娼婦たちに必須だったようです。美は完成された肉体と精神の一体化にあるとしたギリシアで、身支度や健康にまつわる衛生観念を含めた美容法と、表面を飾る化粧法は別のものと考えられていました。

古代ローマ時代になると、あの「テルマエ」と呼ばれ公衆浴場が社会生活の中心といわれるほど人々は入浴を愛し、日に何度も入って清潔さを保ち、白への憧憬もどんどん高まることに。女性は白粉、アイシャドウ、頬紅、口紅とフルメイクをすることが美の基本となって、かつての黄金色の化粧から、鉛白《えんぱく》や白亜で作られた「白粉文化」が始まるのです。

詩人のマルティアリスが、女性たちは寝るときだけ「見せる顔をはずして」寝るのだ、なんて辛辣《しんらつ》に言ってますから、かなりの厚化粧だったようですね。白粉は支配階級の女性から下の階級にも広まり、さらに化粧文化も根を張ることに。それは白粉や白への嗜好が拡大されることを意味しました。

それにしても「明るい肌の色」が好ましいという発想は、古代エジプトからずっと共通していますす。その理由はやはり支配階級のシンボルだったから。現代のヨーロッパで小麦色の肌がステータスなのと同様に、白い（明るい）肌を維持でき、かつ化粧品を手に入れられることこそ肉体労働をしない階級の証。それが美の基準となり、好ましい姿の物差しになったと考えられます。

そんなステータス感を背景に表面を作る化粧は、中世ヨーロッパでは聖職者らが、神への欺きとみなし禁止の対象に。特に白粉は攻撃の的でした。とはいえ娼婦たちが相手を惹《ひ》きつけるために使った白粉は、一般女性にも魅力的な品として支持され、妨害されても使い続けたのを見ると、禁止令を出す誰かさん以外の男性にとって、白い肌と紅は効果的だったということでしょう。

それに当時、美女は「雪のような白い肌」と詩人が歌うのですから、女性たちだって化粧をやめられません。中世も終わりころになると、女性の肌はさらに白く透き通り、飲み込んだものが細いのどで「透けてみるほどの」白さこそ理想とされ、極白色の世界へと踏み出していきます。

一方で白粉の材料には鉛や水銀が含まれており、女性たちの肌はひどく荒れ、病気にもかかり、その荒れた肌や病気で衰えた肌を隠すために、ますます白粉をぬるという悪循環が生まれていました。一度でも「美を手にした」と感じたら、それを手放す恐怖は今も昔も変わらないのです。

さて17世紀ごろになると、フランスが流行の発信地となりました。ベルサイユ宮殿の豪華さに引けを取らない貴族たちの生活は、白さこそ究極の美。女性はもちろん、男性も白粉が必須に。日焼けしないため真んなかについたボタンを歯でくわえるマスクを着用したり、男性も外出するときには、牛の臓器から採った液と砂糖やミョウバンなどをまぜて作った怪しげな美容液をつけて日焼け対策をしていたとか。ものすごい努力と忍耐です。そして男女ともに肌にはたっぷりの白粉と赤い頬紅。お抱えのかつら職人を雇っていたルイ14世は晩年には白いかつらをつけ、それがヨーロッパの流行を作ったとされます。

ルブラン《薔薇を持つマリー・アントワネット王妃》

白さがピークに達する18世紀。狂気を感じるほどの白への執着は、白粉で真っ白な肌を徹底的に作り込み、白いかつらをさらに白くする小麦粉をヘアーパウダーとして振りかけ、固定するために油分を使うという繰り返し。一説では貴族たちがかつら用に小麦粉を大量に使ったため食料不足が助長され、革命の一因になったという話まであります。

かつらの流行はマリー・アントワネットの処刑とともに消えましたが、美白への執着はそのまま19世紀以降も続き、「牛乳のような」病的なほどの白い肌が芸術家たちにもてはやされる一方で、あの病気をもたらす「ぬる」化粧ではなく、美しく健康な肌作りの情報が広まり、控えめな化粧も流行し始めたのでした。そして世紀末、上流階級の女性は自然な美や美肌への意識を、娼婦やカフェの女給たちは白い肌と濃い口紅の厚化粧を。白い肌のイメージに陰が生じたのは、もしかするとこのころかもしれません。

クロード・モネ《日傘の女》

モネの絵画を見てもわかるように、かつて日傘はヨーロッパでも愛されていました。それが1900年代前半、あのココ・シャネルによって「日傘をやめる」流行が作られ、白い肌にこだわっていた日常から、日焼けした肌が好まれるようになったといわれます。

男女みなが熱に浮かされたように白を求めたベルサイユ宮殿の貴族生活をピークに、白い肌に固執した時代が終わりを告げました。受動的な生き方をしてきた女性がコルセットをはずし、自らの人生を楽しむ時代。シャネルが白い肌からの解放を宣言した20世紀に、下層階級にまで行き渡った白のステータスは失われ、上流階級には新しいステータスが登場。それが日焼けした肌だったのです。どちらにしても上流、下流があるのは紀元前からの話。社会の構造はあまり変わらないのです。

3　演出上手なお姫さまの白い肌

『源氏物語絵巻』や百人一首に描かれるお姫さまたちは、真っ白な肌に下《しも》ぶくれの古典美人。昔から日本人の美意識は真っ白な肌だったんだな、と思ったら色の歴史的には少し違うのです。

卑弥呼の時代の3世紀ごろ、中国の『魏志』倭人伝が「倭人は赤い顔料をぬり、それは中国での白粉と同じ」と伝え、日本の化粧文化の出発点が顔やからだに赤をぬる「赤化粧」だったと考えられています。後の古墳時代も埴輪《はにわ》の顔に赤い顔料が残っていて、呪術に端を発した化粧として、このあたりまではまだ白い肌への美意識が生まれていませんでした。

一方、紀元前11世紀くらいから白粉を使っていたという中国。最先端文化を輸入し始めた日本人にとって、「色白美人」の概念も中国が起点といえるでしょう。例えば中国最古の詩集『詩経』で、美人は「螓首蛾眉《しんしゅがび》」、セミのように四角く広い額に蛾の触覚のような細くて長い眉。「膚如凝脂」は、固まった脂のようにきめ細かく滑らかな白い肌。虫とか脂とか、これまた個性的な描写ですね。『源氏物語』など日本文学に大きな影響を与えた「長恨歌《ちょうごんか》」（玄宗皇帝と楊貴妃の叙事詩）」でも、楊貴妃は「温泉水滑洗凝脂（温泉につかった白い肌をお湯が洗う）」と描写されています。

そんな大陸から、日本に実際の白粉が入ってきたのは6世紀ごろ。『日本書紀』によると692年には鉛白での製造法も伝わり、初の国産白粉が作られて持統《じとう》天皇に献上され大そう喜ばれたとか。輸入品の白粉はとても高価なので、貝殻や米の粉からできている白粉を代わりに使うこともあったようで、高貴さのシンボルとはいえ、貝や米の粉では使用感はよくなかったでしょう。

奈良時代は中国の化粧法に倣って髪を結い、白い肌に頬紅をつけていました。ところが菅原道真が遣唐使を廃止したことで大陸文化が入ってこなくなり、日本独自の文化が花開く時代へ。平仮名が登場したり、複雑で美しい配色を生んだかさねの色目なども生まれました。

女性の化粧は蛾眉から変わって、太く額に描かれる眉（本物の眉毛は抜いていた）、小さく描く赤い唇と、あの平安時代の絵巻物の美人が登場。当時は大きく幅広、下ぶくれの顔が美人という価値観だったので、白が持つ膨張効果を知っていたかのような白粉使いといえましょう。美人の条件が「国産化」されても、白い肌だけ不動の地位を保ったのは、白そのものに日本人が感じていた神々《こうごう》しさや、明るい清らかさへの嗜好が影響したのかもしれません。

平安時代の高貴な女性は姿を人前に晒《さら》してはいけないことが慣習。恋愛も最初は文のやり取りから始まり、やっとご対面という段階でも御簾《みす》のさらに奥の屏風《びょうぶ》の陰とか。とにかく見せない文化。例えば光源氏さながら、勝手に女性の部屋に忍び込

《源氏物語絵巻 竹河 二 絵》徳川美術館所蔵　© 徳川美術館イメージアーカイブ/DNPartcom

んだとします。お香がたきしめられた部屋は、油を使った灯りや蝋燭《ろうそく》なので薄暗く、紅をさした唇も「プルキンエ現象（薄暗いなかでは赤は黒っぽく見える）」のせいで、色の発色は暗め。そうなると、まずは黒髪に縁どられた白い顔だけがボォーッと浮かび上がる仕組みです。

それは見ているのに実感がない幻想のような儚《はかな》さ、はたまた神に選ばれた巫女のような白く清らかな神秘さ。これこそ当時の女性の美しさ、男性がこがれるような演出ということかもしれません。ストレートな色気ではなく、儚く薫《かお》る見せない文化が、古代日本男性の想像を掻き立て燃え上がらせたのです。まあ、見えなくて掻き立てられるのは、古代だけではないかもしれませんけど。

そんな「美人」のための白粉。実は中国や日本でも、男性が白粉を使う時代がありますね。中国では三国時代が終わり貴族が栄えると、高貴な男性がこぞって白粉や紅に走ったり男色が盛んになったり。日本でも男性が白粉を使う風習は平安時代の貴族から始まり、その後武士にも広がります。

一説には「女の真似として」花園左大臣源有仁《はなぞのさだいじんみなもとのありひと》が最初に化粧を始めたとか。有仁は歌を詠み、琵琶などの音楽もたしなみ書にも秀で、朝廷や公家の文化を「研究」して儀式書にまとめたりとても優秀。ちょっと複雑な人生（もとは皇族で、一度は天皇の養子になるも実孫誕生で降格され、皇族からも外され源姓に）で、出世はしましたが晩年は出家。これだけの才能を持った自由人は突き抜けた人物だったのか。いや、彼のアイデンティティから考えると出生は貴族。抜きん出た風雅さでその事実を示せても、心穏やかではなかったでしょう。「高貴さの証」として女性の化粧を取り入れてしまうほど、彼の心には葛藤があったと読みますけどね。

とにかく有仁から始まった化粧は公家の高貴さの「証」として確立され、男女に続いていくわけです。武士の化粧は江戸時代には自然消滅しましたが、江戸の庶民文化の興隆は、一般女性の日常にも化粧を根づかせました。

西の貴族文化のもとでは庶民も白粉が濃く、対して新興の東、江戸では粋な薄化粧が常でしたが、どちらも女性のたしなみとして常識。また美肌への努力はすべての女性が熱心でした。ここでは白い肌というのが白粉の色というより、美しくきめの細かい肌や透明感のある肌が「白い」という形容詞に変換されていたようです。とはいえ、あの「色白は七難隠す」という言葉は江戸時代の浮世草子《うきよぞうし》からで（実際は十難のようですが）、どんな肌でも白粉をぬったら綺麗に見えるという話。これも今と変わらない。遠いようで、江戸の感覚は近いのです。

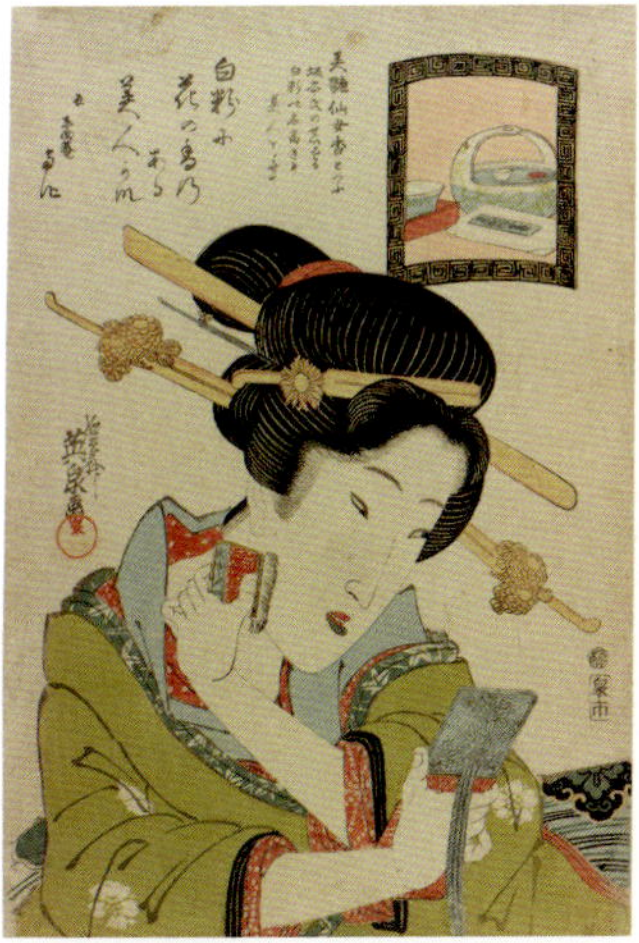
渓斎英泉《美艶仙女香・式部刷毛》
太田記念美術館所蔵

さて現代の私たちの美白信仰。最近は白粉で作るのではなく、くすみのない素肌が意識されています。黄色人種の透き通った肌なので、それを白い肌だっていってるのに、白人になりたいんだねと揶《や》揄《ゆ》されることがあるのは、やっぱり明治、さらに敗戦後の西洋コンプレックスが透けて見えるから？

4　白亜の文明はどこの文明？

「美しい白亜の文明」と思われていた古代ギリシア文明が、実は「白の世界」ではなく、古代エジプトの鮮やかな色彩を真似た極彩色だったという話は、最近の日本でもよく知られるようになりました。その姿は大英博物館が最新技術で顔料を特定して再現映像を作ったり、日本でもテレビ番組で極彩色のイメージをＣＧ映像にしたりと注目を集めましたね。映像を見ると、彫像の髪の毛や肌の色、瞳の色、服飾の色まで、赤、オレンジ、黄、緑、青、黒などカラフルに彩られ、神殿も同様に多くの色が施されていました。

正直なところ白い大理石の像を見慣れた目で見ると、テーマパークの等身大フィギアに見えて、静謐《せいひつ》な白の空間とはまったく別の世界、まったく別の文明に感じます。それまで一般に信じられてきた「白亜の文明」のイメージを、極彩色は根底からひっくり返した衝撃の事実だったといえるでしょう。

でもそれが真の姿であるという驚きも、最初からこうだと知っていたら、また違っていたかもしれません。なぜなら古代エジプト文化を真似たといわれるこの着彩は、ヒンドゥー教やチベット仏教の彫像や寺院と同じだからです。かつて人工的で美しい色など滅多にお目にかかれない時代に、宗教はその建物や彫像に神々しさを具現化して見せるため、金銀、宝石、顔料などの極彩色が生み出すインパクトを駆使し、人々を驚かせました。それを思うと、古代ギリシアの建築や彫像は決して不思議な光景ではなかったのです。

でも、いったいいつ、極彩色から白い世界に移行してしまったのでしょう。

ここには重要な3人の登場人物、そしてギリシアから運ばれ大英博物館所蔵となり、後に「エルギン・マーブル」と呼ばれる大理石群の一大スキャンダルがあります。ことの始まりはさかのぼること18世紀。ヨーロッパではポンペイ遺跡が発掘され、その素晴らしさに沸いていた時代でした。最初の人物、ドイツの美術史家ヨハン・ヴィンケルマンは、当時のバロックやロココ世界にウンザリ。女性的なロココ美術とは正反対の(一説にはフランス、イタリアがリードする世界観からドイツを独立させるため)、古代ギリシア美術を理想の姿と賞賛。「高貴な単純さと静寂なる偉大さ」を見習うべきとした『ギリシア美術模倣論』を出版し、一躍時代の寵児となりました。

色彩を「美に貢献するもの」だが「美そのものではない」とし、「古代ギリシア

エルギン・マーブル　©Granger / PPS通信社

の白」こそ理性を体現した「正しい美」だと訴えたのですから困ったもの。なぜならヴィンケルマンはギリシア美術が、エジプトや西アジアの影響を受け彩色されていたことを知っていたといわれるからです（貧しい靴職人の息子で、大学を出た後は家庭教師をしたり図書館に勤務し、歴史学や近世美術論を研究した）。

人はときに自分にとって都合の悪いものを無視することがあるんですよね。でもピタゴラスに端を発する「黄金比」など、感性ではなく論理性で整えられた古代ギリシアの、「正しい美」からすると、辺境の民族の顔だちは比例数にあわないので異様、なんて言っちゃってますし。妄信《もうしん》して偏った思考がチラホラ。

そんな彼は、旅先のホテルで同室の男性に殺さ

エルギン・マーブル　©Album / PPS通信社

れる悲惨な最期を遂げたといわれますが（同性愛という噂も）、何にしてもこの説は当時フランスを中心に流行していた「白＝理想」にピッタリ合致したこともあり、その後どんどんヨーロッパ中に広まり、多くの知識人にも影響を与えました。

それはヴィンケルマンの思惑通り、イタリア、フランスこそが、ローマを受け継ぐ文化という流れにあったヨーロッパの伝統に対して、ローマはギリシアの真似、ギリシア文明こそ源流という意識を植え付け、次第にその思想が定着していくことになります。

そして次に登場するのが、19世紀のイギリス人外交官エルギン伯爵。彼こそパルテノン神殿の彫刻群を切り出し、持ち帰った人物です。それができたのは、当時ギリシアの統治国オスマントルコが遺跡に興味がなかった、多額の賄賂、許可をエルギン側が都合よく解釈した、など色々いわれますが、別名目で現場に作業員を送り込み、遺跡の半分以上をはぎ取ったのは事実らしく、彼は後に略奪者と呼ばれることに。

彼のことは、理想の文明の証であるパルテノン神殿の荒廃を知り、また本物を（当時は簡単に本物など見られないので）自国民に届けたいという「志」で、人生のすべてをかけて大理石群を「保護」したと考える人もいます。

確かにその苦難の道のりは長編映画が撮れるほど。はぎ取りに1年。大使として任期終了の帰国時、イギリスと関係の悪かったフランスを横切ろうとしてナポレオンに捕まり幽閉され3年。帰国後はフランスでの幽閉で外交官としての信頼を失い職も失う。その間はぎ取った遺跡を乗せた船が嵐で沈没。沈んだ大理石群を回収・到着させるのに10年。伯爵としての財産や結婚時の妻の莫大な持参金をつぎ込んできたものの巨額の負債を抱えることに。そんな彼に愛想をつかした妻の不倫相手は、幽閉時に支えてくれた友人。結果離婚裁判へ。

負債を抱えたまま屋敷に大理石群を展示し、無料で一般公開したのですから、やはり志はあったのでしょう。でも維持費はなく、「略奪者」との批判が高まり、結局、安い金額で大英博物館への売却を決めました。それが博物館展示品の目玉となった「エルギン・マーブル」です。

エルギンがギリシア文明に憧れたのは、もちろんヴィンケルマンの説が世の中にあったからですが、彼の人生を含め、大理石群がどのくらいいわくつきの品かわかりますね。そしてエルギンの負債は莫大で、死後30年たってやっと返済できたとか。ちなみに離婚後23歳年下の女性と再婚し、子どもは8人。負債を抱えても幸せだったと思いたいところです。

さて最後に登場するのは、20世紀初頭のイギリスの超剛腕画商、実は贋作も扱っていたと噂される初代デュヴィーン男爵。17歳のとき、アメリカに誕生した大富豪たちの存在に着目。ヨーロッパ美術品の価値を、彼のやり方で決定して売りさばきました。顧客は鉄道会社、銀行、百貨店などの創業者たち。つまりあのロックフェラーやモルガン銀行の頭取《とうどり》などです。

自信家、野心家、すべてが自分の思い通りになると疑わず、手段も選ばない。短気で癇癪《かんしゃく》持ち。大英博物館のパトロンでもあった彼が、あの大理石群の新しい展示室の準備に関わった1937年、「人々が望む理想的な白」にするため、作業員に指示したのは、色が残る大理石の表面を15か月にわたり、薬品や金タワシではぎ落とす漂白作業でした。逸話では「もっと白く（get it whiter）」と怒鳴っていたとか。

この作業が世界的遺産に損傷を与え、かつ歴史を捻じ曲げたことに気づいた博物館は、何とその事実を隠ぺい。当時も疑惑がニュースになるのですが、デュヴィーンが死亡したことも影響して、うやむやのまま尻つぼみになるのです。

この問題は60年後に検証され、大英博物館が漂白行為と隠ぺいを認めたため、1999年、一大スキャンダルとして世界中に報道されました。ギリシアは19世紀から大理石群の返還を求めてきましたが、長らく拒否してきた英国に対し、この「スキャンダル」をあげたのです。博物館側は、はぎ取った時点ですでに風化していて、指摘されるほどひどい「クリーニング」じゃなかったと主張していますけど。

それにしても1930年代といったら第一世界大戦後、イギリスでは産業革命で重要だった植民地や自治領の支配政治が徐々に解体され、植民地インドでもガンディーの非暴力運動が起きていましたね。有色人種の大きな抵抗で屈辱を味わい、世界恐慌の嵐のなか、国民は政治経済の不安にも襲われていました。アメリカでも白人至上主義団体の第2のKKK（クー・クラックス・クラン）が頂点に達し、下降線を描き始めたころ。

ヨーロッパ文明の源として18世紀ごろから理想社会と考えられてきた古代ギリシア文明が、オリジナルではなく、エジプトや西アジア文化を受け継いだ文明だということは、受け入れられず、考えられないものだったといわれます。西洋のプライドとアイデンティティにかかっていますからね。

KKK ©Bruce Roberts/Science Source/amanaimages

神々しい「白」こそヨーロッパ文明の礎にふさわしいと考えていたのです。白にこだわるのは、優位性を必要としていたからでしょうか。
また当のギリシア人が長い間「漂白」されちゃった文明を許してきたのも、実は国の歴史が関係するといわれます。
そもそも古代地中海地域は文化と人種が入り交じり、戦争で大移動が起こるなど、場所と人種の結びつきが緩やか。さらに古代ギリシアの多くの都市国家も、結局ローマに吸収され、ギリシア人という存在、アイデンティティは失われ、土地だけが色々な支配者（文化や宗教）に統治されます。

イスラム教に支配されていた19世紀、国家としての意識が高まり、トルコからの独立運動が起きました。ただ勝利してギリシアが王政になったとき、王についたのはバイエルン王国（ドイツ）のオットー1世ですからね。古代遺跡群も度重なる戦禍で破壊され、放置されていました。19世紀ドイツの歴史家ファルメライヤーから、今のギリシア人に「古代ギリシア人の血は一滴も流れていない」なんて言われたり。

おそらく自国のアイデンティティを意識したときに国土にいたギリシアの人々は、「ヨーロッパ文明」の起源という「理想の古代ギリシア」を、ほかのヨーロッパ全土の人々と同じ感覚で受け止め、「白亜の文明」であるべきという、この白が大事になったのかもしれません。

こうして「白じゃなかった」ギリシア文明が再確認されるに至った背景には、数世紀にわたる物語があったのです。しかも西洋の自尊心やアイデンティティの問題（ある意味西洋文明は現代文明と言い換えられるくらいですから）がある上、ギリシア国家やギリシアの人々のアイデンティティにも影響しているので、大変な問題といえます。

さらに問題は、例えばナポレオンがエジプトから持ち帰った「ロゼッタストーン」など、略奪同様に現地から運び出された多くの文化遺産は、いったい誰が所有者で、どこでどのように管理されるべきなのかといった問題提議もしています。20世紀後半から検討され始めた「人類にとっての文化的遺産の扱い」です。この答えを探すのも難しいのです。

色をきっかけに、世界の様々な問題や状況が見えてくるのが醍醐味とはいえ、考えれば考えるほど、難しさを抱える「エルギン・マーブル」なのでした。

5 美しき灰色の世界

灰色には暗いイメージがまとわりつきます。どんより曇った空の色、すべてが燃え尽きて残った灰、コンクリートやアスファルト。濁りを代表する色として、憂鬱、不安、悲しみ、汚い、優柔不断と、ネガティブイメージがたっぷり。でも押しの強さがなく侵襲されない安心感、落ち着き、控えめ、優しいといったポジティブワー

ド も寄せられ、日本のファッション界では近年の定番色です。

この色の体験は、晴天の空を重く覆っていく灰色の雲や、燃えて形がなくなったものへの喪失感。また古代エジプトやギリシアでは悲しみの表現として、頭に灰を振りかけたり、灰のなかで転がったといわれるので、古くから似たイメージがあったのでしょう。

ところが、乾季に恵みの雨をもたらすサインは曇天の灰色。『花咲か爺さん』のように、霊力あるものは灰になっても花を咲かせるほどの力を持ちます。良くも悪くも灰色は、白（光）でも黒（闇）でもない、霧のように光と闇の中間にたたずんだ中庸《ちゅうよう》の色なのです。

日本の色の歴史では疎まれた時代もあります。古くは「鈍色《にびいろ》」と呼ばれる墨のなかの一色。どんぐりや煤《すす》など、色を作る染料が身近で価値が低かったせいもあったのでしょう。黒と共に喪の色であり、また出家の色。でも艶やかな黒に価値が生まれ、格上げされていくのを横目に、鈍色は平安時代末、その色名を口にすることすら不吉として名前さえ呼んでもらえず、ただ「色」とすることが慣例になっていたそうな。ああ、不憫《ふびん》です。

これが灰色の運命かと思いきや、鎌倉・室町時代になると、禅宗とともに広まった水墨画や、武家政治の簡素さが尊ばれる時代となり、渋い灰色に価値が見いだされる時代となりました。微妙で様々な趣を生む灰色は「焦・濃・重・淡・静」の表情を持つ「墨の五彩」といわれ、「寂《さ》び」の感性が日本の美意識の根幹を成すことに。

さらに灰色が大活躍したのは、奢侈《しゃし》禁止令下の江戸時代。ちょっとくすませた色はみんな灰色、鼠色と呼んで、お咎めをうまくかわした結果が「四十八茶百鼠《しじゅうはちちゃひゃくねずみ》」。

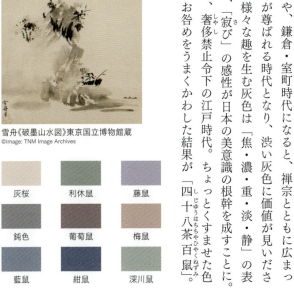

雪舟《破墨山水図》東京国立博物館蔵
©Image: TNM Image Archives

それこそたくさんの茶色や灰色・鼠色が生まれるのです。

また「火事と喧嘩は江戸の花」との言葉の通り、火事が多かった江戸の町。灰色の呼び名は火事につながる印象があるので、この時代に「鼠色」の名前が生まれたといわれます。

江戸の浮世絵でも艶やかな色の間に使われる多様な灰色はおしゃれで、今の私たちから見ても粋で素敵。現代ならダスティパステル、スモーキーカラー、ソフトトーンなどと呼べるふんわりしたニュアンスある色たちです。

例えばダスティピンクのような「灰桜《はいざくら》」、日本茶のような渋い緑は「利休鼠《りきゅうねず》」、藤色をすりガラス越しに見るような「藤鼠《ふじねず》」など、お上の抑圧を逆手に取った江戸庶民の感覚も魅力的ですね。

そう、こうした色への命名も大切なんですよ。アメリカのある小売り大手が、普通サイズのワンピースでは「ダーク・ヘザー・グレー」としていたのに、大きいサイズになったら同じ商品なのに「マナティー・グレー」と表示していたことがわかって大騒ぎになりました。マナティーといえばアザラシをもっとズングリ、お顔もズングリしたような海の生き物。ズングリがかわいいけれど、この場合は悪意を感じます。

そりゃ抗議もされるでしょう。名前がイメージを作るともいえるのですからね。

さて、生活のなかの色というのは、ある一色だけで存在することはほとんどなく、配色されていたり、何か別の色のそばにあるというのが色の在りよう。さらに素材が違えばイメージもまったく異なります。1枚の紙に印刷された灰色はいまひとつかもしれませんが、美しい夕焼けの空、どんどんと変化していく光のなかの灰色の雲は、もうウットリするほどの美しさでしょう。

さらに灰色の控えめさは、ほかの色を引き立てる名脇役に。例えばファッションでは「セパレーションカラー」といって、ベルト使いのように、色と色の間に別の色を少し挟むことで、両側の色のバランスをとってきれいに見せるテクニックがあります。

水色と藤色のような差が小さい色と色の間に灰色を入れるとソフトなおしゃれ感。紫と赤のような個性がぶつかる色の間に入れると各個性を生かしながら、やわらかさを加えた新しい配色に。同じような使い方を白や黒でするとメリハリがついた強さが生まれますが、灰色は個性が少ない分、周囲にうまく溶け込みソフトで上品に仕上げることができるのです。

私たちの身の回りをよく見てみると、灰色、そしてグレーはそこいらじゅうでたくさん使われているのがわかります。でもあまり気にならないでしょう。すべての色が自己主張してしまったら見る側にとってはストレスの連続。疲れてしまうでしょうね。強さをやさしく包み込むような灰色があって、世界は均衡がとれているのです。

6 闇の力、不動の心

光の象徴、明るさを表す色が白ならば、黒は闇の象徴、暗さが極まった夜の色です。昼行性の人間にとって夜の闇は太古から死と隣り合わせの世界。それが恐怖と結びつき、不吉、邪悪、威圧感、絶望、悲しみ、死など、ネガティブなイメージを表してきました。日常では「ブラック企業」や「アイツ黒いよ」といった表現に使われていますね。

でも暗さは重さの感覚につながり、そこから重厚感、さらに発展して高級感に。また黒の持つ強さがポジティブに反転し、カッコイイ、クール、おしゃれといったイメージを生んでいます。日本のファッションでは安定した定番色。クールさという意味で、大人や社会、現状への反抗心を表明する色（例えば1970年代のパンク）となるように、青少年期には魅力的で身近な色といえるでしょう。

黒を着ると安心するという話をよく聞きますが、それはこの色の強さを身にまとうことで「鎧」をつけるのと同じように、身（実際には心）を守ることとなり、不安や外界から防御できる、そんな無意識が作るイメージからです。黒の恐ろしい絶対的な強さは、味方につけることで最も頼もしい存在に変化するというわけです。

ウィリアム・ブレイク
《大いなる赤き竜と日をまとう女》

実際に黒の衣服は光を吸収し熱を生み出すと同時に、人体に害となる紫外線を一番吸収するといわれます。つまり肌にまで到達させにくいということ。だから熱い砂漠地帯などでアラブの女性が黒の民族衣装をつけているのは、暑くても、そうした紫外線遮断効果を経験的に知っているからだという説があります。本当に黒は守ってくれる色なんですね。

そんな黒のネガティブさからの反転は宗教でも見られます。白がほとんどの宗教で光や神々しさ、清浄さと結びついているのに対し、黒はキリスト教では悪魔や地獄の色として登場しますが、同時にその質素さが、神の御前に求められる謙虚さ、虚栄心を捨てた節度ある態度を表すとして、古く修道士にふさわしい色でした。

また日本では仏僧が着用する法衣の色も黒です。最も暗く他の色に影響されない不動の色と考えられ、仏教に帰依《きえ》し揺らがない信仰心を象徴する色となったのです。

神の前では汚れを払い清浄な状態の白と、深い信仰心と結びつく不動の精神の黒は、両極にあってともに絶対性の象徴、互いを補い合うからこそ、相手がいなければ存在できないとも考えられます。つまり2つがあって真の完璧さが生まれるのです。

それは道教《どうきょう》のシンボル、陰陽の勾玉《まがたま》巴を見るとわかりますね。白と黒で森羅万象、この世界の存在そのものを象徴的に表現しています。こうした発想は古代ギリシアの哲学者、アリストテレスが「すべての色は光と闇、白と黒から生まれる」と考えたことにも通じる、人間にとって共通の感覚といえるのかもしれません。

日本語で黒という言葉は「暗《くら》」や「暮《くれ》」に通じる同義語といわれますが、川底の土を意味する「涅《くり》」からとする説も。また「玄人」は「素人（白人《しろひと》の転換語で、白は何も混じっていない生まれたばかりの状態と、まだ色がつけられていない素の状態という意味があり、経験が浅いという言葉につながった）」の対で生まれた言葉とされ、「玄」は「黒」の意味。一説には黒よりもっと暗くて見えないほどの深さを表すといわれ、「玄人」とは、その奥深さを極めた人というわけです。

「玄」は中国の老荘思想の根本的なもの、万物の根本とする説もあるんですよ。これはある意味、宇宙の起源、すべての神話に登場する「存在以前」の無の状態。まるでビッグバン以前といえる発想ですから、奥が深いわけですね。そして光を生むには闇が必要なので、黒（玄）はまさに原初の世界を表す色なのです。

陰陽五行で黒は北を、季節は冬を表し、また「玄武」という想像上の霊獣の位置です。亀と蛇が合体したような玄武は、奈良県明日香村のキトラ古墳の石室にも描かれています。

古代エジプトでは自国のことをエジプトではなく「ケメット」と呼んでいました。これはナイル川の氾濫で作られる豊かな「黒い土」の意味。そして自分たちのことも黒い人、黒い土地の人と称していたといわれます。彼らにとって黒は植物を育み豊かさを約束する色、生命力や再生の色として意味を持ち、死者の魂を導き守護するアヌビス（山犬の顔を持つエキゾチックな姿の神さま）も黒で描かれています。

一方インドの黒は、基本的には不浄の色であり、不幸や恐怖、死の色ですが、死は生につながり、ヒンドゥー教三大神の一人、創造のための破壊を司るシヴァ神は黒（実際には青黒い色）で描かれます。またシヴァの妻で生首を持ち、倒れたシヴァを踏みつける殺戮《さつりく》と破壊の女神カーリーも黒い肌ですが、彼女もまた美しく優しい妻（パールヴァティー）の変身した姿。ここでも両極に反転し、変化した黒が見られます。

世界中で最も基本的な色としての一角をなす黒には、恐れとあこがれが交差する複雑な思いが人にはあるようです。

7 黒の美しさを知る

黒は昔から身近な材料で染められる色でした。初期は泥で染めていましたが、やがて柴染《ふしぞめ》と呼ばれる栗や樫などの樹皮、また身近なドングリなどで染めた橡《つるばみ》の黒が登場。さらに奈良時代に輸入された深く美しい色に染められる檳榔樹《びんろうじゅ》（椰子《やし》の実）の黒、お歯黒でも使われた五倍子《ごばいし》。こうしたタンニンという成分を持つ天然染料で黒は染められてきたのです。またこれらは茶系の染料でもありました。

黒といっても、そのイメージは色の表情にもよるのです。浅くしか染められない黒は汚れのようなもの。世界中で下賤《げせん》の色でしたが、深く艶やかな黒を染めることができるようになると、その技術が生まれた時代のその地域では、暗さの極みである黒の重厚な美しさが好まれ高貴な色となっていきます。人間が作り出す色は、技術の革新によって「色の意味」も新しく塗りかえられ、歴史を作っていくわけです。

一方壁画や塗り物などに使われる顔料は黒土をはじめ、黒曜石《こくようせき》などの石、木炭や煤《すす》などが天然の黒の材料でした。古くは縄文時代、赤漆器が中心でしたが、すでに黒漆器も作られていて、漆の艶やかな赤や黒は特別のものだったでしょうね。

それにしても汚れのような浅い黒の布と重厚で深みのある黒に染め上げられた布。煤の黒と漆の黒。その表情の差を見れば、色が同じでも濃さや艶やかさ、素材感でイメージがまったく変わり、意味すら変化することは容易に想像できると思います。

そして忘れてならない日本の黒には「墨」があります。紀元前の中国殷時代に、墨で書かれたような木簡などが発見されているので、かなり古くから墨が使われていたことはわかっていますが、日本に輸入されたのは推古天皇時代、仏僧が伝えたといわれています。

墨は煤とニカワが原料です。松の枝や樹脂を燃やした松煙《しょうえん》、菜種油やゴマ油などを燃やした油煙《ゆえん》があり、その煤をニカワで固めるのです。ニカワの匂いを消すために「幽香」と呼ばれる微かな香料も使われましたが、その香りが精神の安定や優雅さを生むと好まれ、香りも墨の特徴になっていきます。確かに、香りのある絵の具なんてないので、これは独特な発想です。白檀《びゃくだん》、龍脳《りゅうのう》、梅花、麝香《じゃこう》など、古典的な香りは現代の私たちにとっても気分のリフレッシュやリラックスに役立ちます。

芸術療法でも絵の具の代わりに墨を使うことがあって、最初は書道を連想するせいか、文字を書いている子どももいますが、そのうち墨で自由に描き始め、カラフルな色のときとは少し違って、ゆっくりした時間が流れるように感じます。黒と香りの効果でしょうか。

大人も気分転換に、また心にゆとりや落ち着きが必要だと感じたときに使うと、効果があると思いますよ。墨汁もいいですが、墨をする、それ自体が静かで気持ちの余裕を生む時間になるでしょう。

墨は色の深みと艶が大事なのだそう。中国ではすでに900年代、いかに艶のある美しい墨の色を作るか腐心し、真珠や玉を丹念に挽いて粉にして混ぜ、「光沢漆のごとき」といわれるような墨を作るのが墨匠（墨を作る人）でも名人の域だったとか。こうした技術は各自の秘伝だったそうです。

燃やす原料によって仕上がりの粒子が異なり、赤系、茶系、紫紺系、青系など、色の差が生まれます。また墨の表面に繊細に浮き上がる龍や魚、水墨画のような風景、植物、文字といった多様で美しいデザインを見たことはありませんか。墨はニカワと煤で練るときはやわらかく、それを墨型という彫刻された木型のなかに入れて形作るからです。芸術品のような墨を見ることもありますが、こうした伝統を受け継ぐ墨匠の家系が日本ではすっかりすたれてしまったそうで、とても残念なことです。

書道のほかにも墨といえば水墨画がありますね。禅宗と一緒に鎌倉時代に伝えられたといわれる水墨画は、もとは禅の思想を伝えるもの。同じ仏教でも曼荼羅《まんだら》のような、着彩されたものとは異なり、白と黒の濃淡で表現された世界に「精神性」を見ることは、武士が台頭した当時、とても感銘を与えるものだったでしょう。

こんなふうに書くと、よけいに古くておもしろくないように感じるかもしれませんが、水墨画は「にじみ、ぼかし、かすれ」などの筆さばきから、時代を超えた作者の息使い、また色のないモノトーンに、色を感じるような不思議な感覚が体験できるはず。幽玄で清閑な世界は、現代人にこそ必要な気がします。

それでもまだ退屈そうに思えるならば、安土桃山時代を代表する絵師・長谷川等伯《とうはく》の、まずは金碧画《きんぺきが》（金箔などの上に描かれたもの）、国宝《楓図壁貼付》《かえでずかべはりつけ》を見て、その華麗でダイナミックな世界を味わってから、渋い《松林図屏風》《しょうりん》の前に立ってみるのがおもしろいかもしれません。

同じ絵師の作品でありながら、《楓図壁貼付》は華やかで繊細、その高いデザイン性は今見ても圧倒的な美しさ。対して静謐な世界が現れる国宝《松林図屏風》は、日本の代表的傑作といわれ、輪郭を取らずに墨の濃淡と、絵師の筆さばきの力量だけで仕上げられています。

注文主に合わせて様々に描き分けた長谷川等伯でしたが、出発点は仏画であり、

長谷川等伯《松林図屏風》東京国立博物館蔵　©Image: TNM Image Archives

そのせいか深い仏教的世界観をも感じることができます。そんな精神性を抜いても、どうせなら自分がその風景のなかに入って、仙人のように空気と一体になったイメージを持ってみると、鎮静効果抜群なんじゃないでしょうか。とはいえ、これは「大人」にならないとわからない味かもしれません。

こうしてみると闇につながる黒への恐怖心や緊張感は、人間が作り出した「色の黒」によって身近な存在となり、いつしか別のイメージも生まれていることに気づかされますね。恐怖は強さへの憧憬に変わり、暗さが重厚な安定感や高級感、そして宗教的な感覚につながっていくのです。

さらに夜行性の肉食獣に怯える夜を迎えた原始の時代は、今やすっかり過去のもの。完全な暗闇も消え去り、屋根の下で寝具に包まれ物思いにふける夜の時間は、どこか物憂げでやさしく、暗闇への甘美さが生まれました。「安全な闇」だけが持つ美しさですね。

『万葉集』では「ぬばたま」という言葉が黒、夜、髪などにかかる枕詞です。この「ぬばたま」は、ヒオウギという植物の黒い実という説と、「黒玉・烏玉」とも書かれることから、真珠の「しらたま」のように「ぬば」は実のことではなく、泥をさして、その黒さを表すものだという説もありますね。

「ぬばたまの 夜渡る月を 幾夜経《いくよふ》と 数《よ》みつつ妹《いも》は 我待つらむそ（月が夜空を渡るのを見ながら、いく晩たったと数えて、あの女《ひと》は私のことを待っているだろうなあ）」大伴家持《おおとものやかもち》

「ぬばたまの 妹が黒髪 今夜《こよい》もか 我がなき床に なびけて寝《ね》らむ（いとしい女《ひと》は黒髪を、今夜も私のいない床で なびかせて寝ているんだろうなあ）」よみ人しらず

夜や黒髪にかけたぬばたまの歌ですが、どの歌も静けさと秘めやかな甘さを伝えています。夜の闇がロマンチックなのは、世界共通。時代が新たな意味を黒にもたらしたのです。

8 良い色と悪い色

本来色に良い・悪いの「価値や評価」は存在しません。動物にとって色は情報のひとつにすぎず、ヒトにも同じはず。それにもかかわらず、人間と色の歴史を見ると「良い色」と「悪い色」が存在するのは確かです。代表色として思い浮かぶのは、やっぱり白と黒でしょう。もちろん白が良い色で、黒が悪い色。

生物はその命を維持するため、危険を遠ざけ、役立つものには親しみを感じるよう設計されているので、昼行性で夜間では視力を発揮できない生き物は、光を好み、闇は警戒する。それは当然ですよね。そして色になると光は白に、闇は黒に。もちろん光と闇が白と黒のすべてではありませんが、おそらくこうしたことを背景に「光（白）への憧憬」や「闇（黒）への緊張感（恐怖）」が生まれたのは確かだと思います。

ところが人間の思考は、こうした進化など身体に組み込まれた光と闇への感覚に、今度は知的な解釈を加えるものだから、話はややこしいことに。

つまり、昼行性の生き物にとって光の「白は良く」、闇の「黒は悪い」が生まれ、次に知性がお話をつけて、良い理由は「神聖な神の色だから」、悪い理由は「邪悪な悪の色だから」といった具合。こうして何もなかったはずの色に、知性がお話と価値を作っていくわけです。

この色の評価の何が問題になるかというと、根底に生物としての反応があるものだから、「お話」が私たちの感性にスルリと入り込んでしまい、社会のなかで「異様な」、でも「影響力」のある感情を生み出してしまうんですね。

また白の項にもあったように、支配階級と労働階級という上下関係を「見た目」で「はっきり誇示」したのが白い（明るい・薄い）肌の色でした。古代は黒い肌、白い肌、何色であろうと、太陽の下でひたすら労働する階級の肌と、そのあいだを優雅に日陰で過ごしている階級の肌の色は明らかに違い、「より明るい」肌の持ち主が支配階級、富める者の目印。こうなると白には「あこがれ」、黒には「卑しみ」までくっついてきます。

そんな長い時代を経て、色に生まれてしまった根拠のない評価が、現代にどんな影響と理不尽さを生んでいるのか。

例えばインドでは「嫁」の「肌の色が黒いから」焼き殺したという恐ろしいニュ

ースが。別の理由があったのではと疑う人がいるかもしれません。でもインドで本当に起きているこうした社会的問題を、世界にも訴えているのが、2009年に始められた「ダーク・イズ・ビューティフル」という運動です。日本と同様にインドの「美白化粧品」市場は巨大で、600億円をはるかに超え、もともとカースト（身分）制度が根付いた文化にあって、若い女性たちは肌の色が暗いか明るいかの悩みが美容レベルではなく、人生のすべて、結婚や就職への深刻な問題になっているといわれているのです。

またアフリカはセネガル出身、「漆黒の肌」として国際的に活躍しているモデルの女性も、誰よりも黒い肌のせいで子ども時代はいじめられたと話しています。彼女が「The Colored Girl」という、異なる肌の色に誇りを持ち互いに認めようというキャンペーンに登場したことで注目され、この話題を知っている人も多いでしょう。そのアフリカでも「西洋的な美の基準」に近づこうと、女性たちが美白というより「漂白」のような、肌を明るくするためにリスクある方法まで試みるといわれています。これは「自己否定」という点でも問題です。

この背景のひとつに「白は良くて黒は悪い」という幻想があることは否めません。

野々村仁清
「数茶碗 18口のうち1口 天目台添え」
（静嘉堂文庫美術館所蔵）
静嘉堂文庫美術館イメージアーカイブ / DNPartcom

ひとつの民族のなかで起きているだけでなく、人種問題として、古くから多くの悲惨な歴史を生んできています。進化や社会構造の習慣、生物の生存に関わる優位性を維持したいという欲求など、すべての要因が背景としてごっちゃになって生まれる、「色への評価」が、全世界に蔓延《まんえん》している現在、私たちは「思考」のワナにはまってしまったようにも感じます。というのも、光が思考を通して本来の意味を失ったからです。

黒いビロード、艶やかな黒い陶器、漆黒の漆器。どれも本当に美しい。これは艶やかな「輝き」が美しさを生みだしています。この「輝き」という言葉を調べると、「まぶしい光が出ていること」と当然ですが光につながります。でもそれは白ではなくて光そのものの感覚。私たちは光をいつの間にか「白」という色に固定化していますが、光は光。本来光は透明なきらめきであり、白ではありません。

でも思考が光を白に固定したせいで、白が良いなら、正反対の色の黒はどうしても悪い役回りになって、この人の思考による色の評価が、今の世界で自尊心や差別につながる「肌の色」にまで影響している。これはとても大きく難しい問題といえます。

私たちはときどき立ち止まって、今自分が信じていることを見直しながら進んでいかないと、変な迷路に入り込み迷子になってしまうことがあるんです。答えは自分で探しにいかないと。色の話だってそうですから、注意しないとね。

9 色の名前が生まれるとき

「色は全部でいくつあるの？」と絵具の箱をのぞいていた小学3年生の子どもに質問されたお母さん、困ったそうです。幼稚園児だったら「たくさんあるよね」で済ませても、知識欲旺盛なこの時期に嘘は教えたくないと。まじめです！　でも、本当に色って何色あるんでしょう。

答えは「人が見分けられる数だけ」。そして人間が見分けられる色数は1000万色とも2000万色ともいわれています。すごい数です。

このすごい数の色を区別し、使いやすくするために、人は色に名前をつけたり、体系化したシステムを作ったりと工夫し考えてきました。デザインや製造などの産業界では、色の性質で構造化した（例えばマンセル・カラー・システムなど）実用的な国際規格がいくつかあります。コンピューターなど仕事で使う色を厳密に管理できるよう、物理的にちゃんと数字化もされています。

でも一般の人にとって一番簡単なのは、色に名前をつけること。これは人類が情報を共有するために生んだ知恵ですね。だから全世界の各文化圏でそれぞれの「色の名前」があるわけです。

例えば「白（ホワイト）」は、ドイツ語なら「ヴァイス」、フランス語なら「ブラン」、中国語なら「バイ」。「黒（ブラック）」は、ドイツ語で「シュヴァルツ」、フランス語で「ノワール」、中国語で「ヘイ」。言葉は違えど色を同じように分類し名前をつけているのが、当然のようでちょっと不思議。やっぱり人間はみな同じように色を見分けて命名し、使ってきたといえるのでしょうか？

ひとつには紫の項であったように、日本人にとって赤というより濃いピンクや赤紫に見える色が、欧米では赤の領域という話がありましたね。そのほかにも日本人にとって黄色、黄緑に分けられる領域が、アメリカでは全体的に緑の領域として分類する人が多いなど、やっぱり色をどう「命名するか」は、文化や個人で多少の差があるようです。

ところでこの色の領域を表す色の名前。つまり「色名」ですが、これも厳密にはいくつかの種類があります。

絵の具箱にあるような「赤」、「黄」、「緑」といった色名は基本になる色として「基本色彩語」や「基本色名」と呼ばれます。これに対して「銀鼠《ぎんねず》」、「シルバーグレイ」などは「固有色名」といい、身の回りにあるモノやコトになぞらえて生まれた色の名前です。情緒的なものから、時代を表す色名まで様々。そのなかでも広く一般な色名を「慣用色名」。古くから使われているのが「伝統色名」などと呼ばれ、私たちは日本語や外来語を含めて、こうした色名の由来を意識せず毎日使っているのです。

流行色のように、似たような色でも新しい名前になるのでその数は膨大に。それに色の名前は自分で勝手に作っちゃってもいいんです。ただ流通しないだけですからね。つまり色名もカウントできないほどの数があるというわけです。

この色名で興味深いのは、文化が違っても基本となる名前は同じように発生していくという、人類共通の感覚があることを説いた論文。最も有名なのが1969年に発表されたB・バーリンとP・ケイによる基本色彩語の研究です。これは世界の民族98言語が持つ色彩語を調べてみたもので、色名がどのように生まれて進化するのかというモデルを示した研究。

言語学や文化人類学の観点から見ると、何の関連もなく成立した言語同士なのに、各言語では互いに翻訳できるような色名を持っています。「手」とか「足」ならば実際あるものだから共有できる名前を持っていて当然ですが、それぞれ区別するにも境界が曖昧な色の世界なのに、どうして翻訳できるような色と言葉の関係が成立するのかは不思議に思われていました。それがこの論文によると、色名には発生の順番があり、基本となる色の数もだいたい同じだというのです。

曰く、すべての言語には「白」と「黒」がある。これが第一段階。色名が3つある言語ならば「白」、「黒」、「赤」になる。これが第二段階。必ずこうした始まり方で、その後「緑」や「黄」、「青」などが分離され、全部で11種類の基本色彩語（つまり色名）が生まれ、7段階になるというもの。表にすると次のようになります。

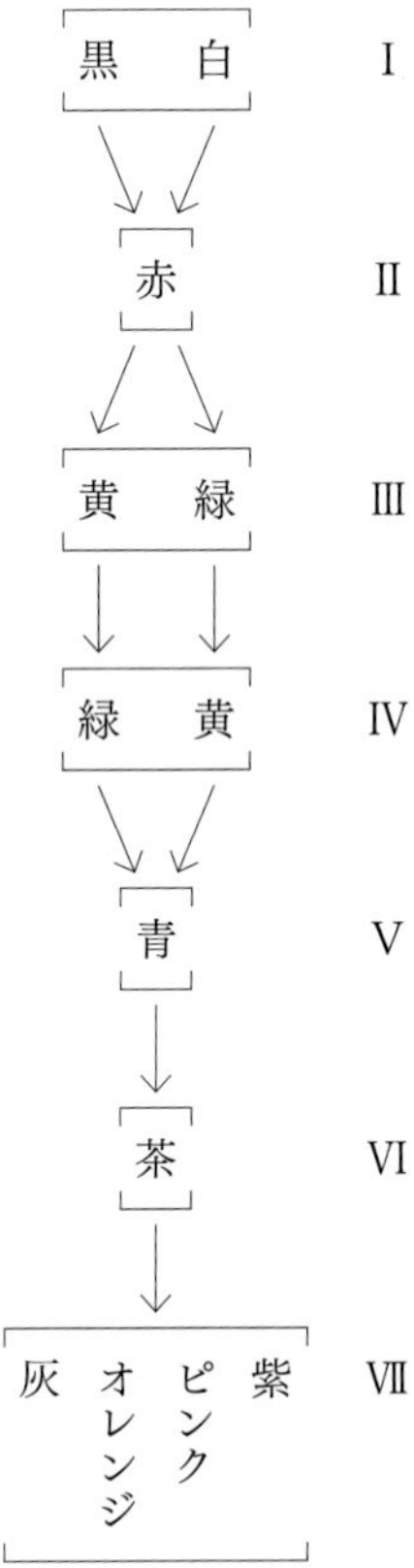

なかなかおもしろいでしょう。つまり人類は「シロ、クロ、アカ、キ、ミドリ、アオ、チャ、ムラサキ、ピンク、オレンジ、ハイ」というこの11種類の色名があれば、だいたいは事足りるということでしょうか。

ただこの色の発生順や色名には異論もあり、それを受けて2009年に再度発表された「ワールドカラーサーベイ」という「色彩語の進化の訂正案」が個人的にはとても共感できます。それが次のようなものです。

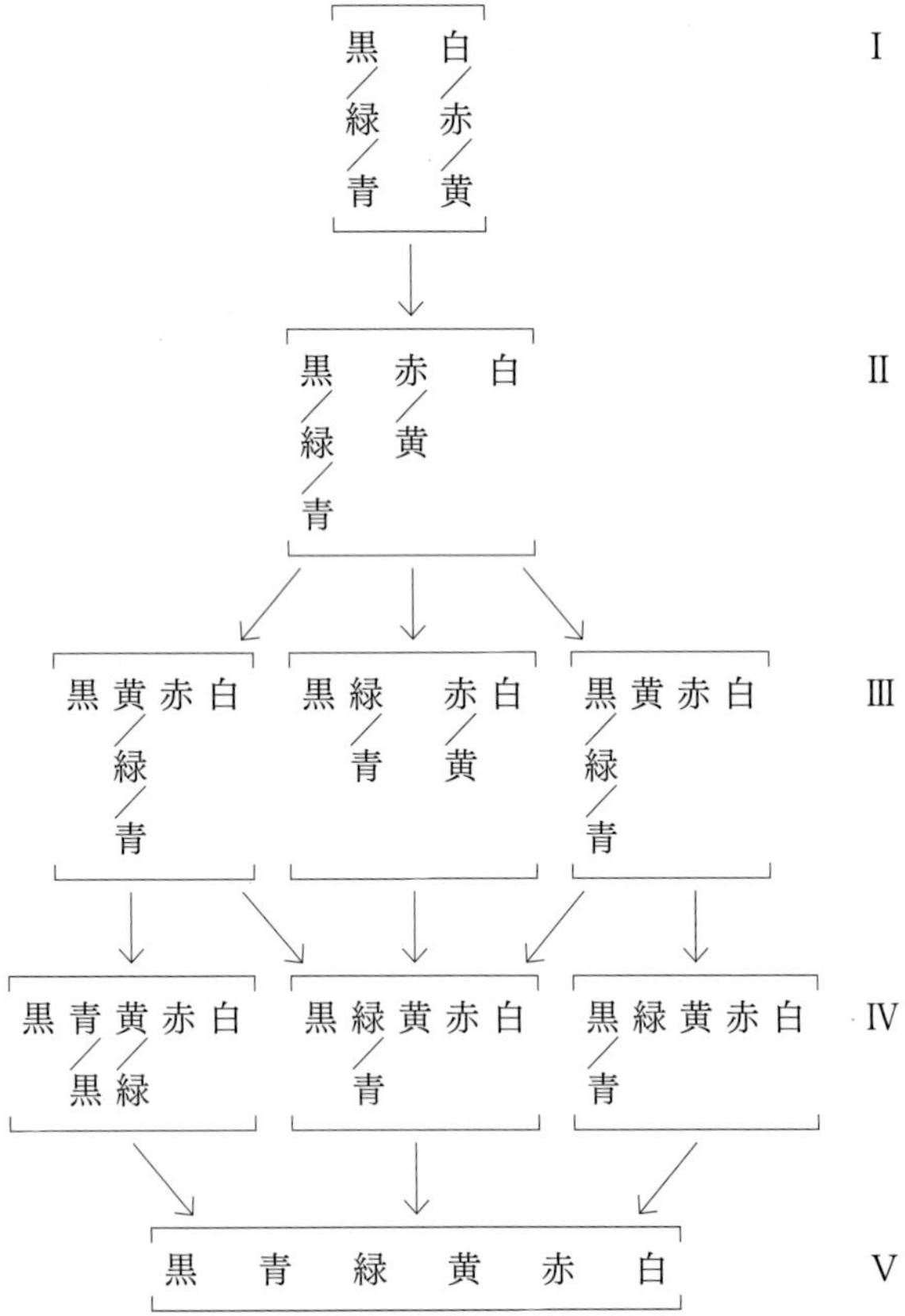
黒 白
緑 赤
青 黄
I
黒 赤 白
緑 黄
青
II
黒 黄 赤 白
緑
青
黒 緑 赤 白
青 黄
黒 黄 赤 白
緑
青
III
黒 青 黄 赤 白
黒 緑
黒 緑 黄 赤 白
青
黒 緑 黄 赤 白
青
IV
黒 青 緑 黄 赤 白
V

基本色彩語とされるのは最終的には「シロ、アカ、キ、ミドリ、アオ、クロ」の全6色で5段階。つまりその前の研究に入っていた「オレンジ、茶、ピンク、紫、灰」は、文化などに影響を受けるとも考えられますね。

これを見ると面白い実験を思い出します。霊長類学者の松沢哲郎先生と、天才チンパンジー、アイちゃんの1985年の実験。アイに11色を理解させたあと、様々な色を見せ、それがどの領域の色と判断するのかを検査。これは並行して人間にも実施されました。

©Cyril Ruoso/ Minden Pictures/amanaimages

　するとどうでしょう。アイも人間も、色の分類が同じように行われたというのです。すごいですよね！　つまりはっきりわかりやすい色じゃなく、明るさや濁りなどの影響を受けた色でも、大まかな色を分類する感覚の尺度は（もちろん個人差、文化差はある）、生得的能力であり、進化のかなり前まで遡《さかのぼ》ることができるということ。だからあの「基本色彩語」が成立するんですね。

そういえば、2016年に、中央大学の楊嘉楽先生の研究チームが、言葉がわからない乳児でも、緑と青を区別することを実験で証明しました。私たちの考えや感じ方は、言葉の影響を受けて成立するという説があるのですが（サピア＝ウォーフ仮説）、言葉を理解しないのに、緑と青を区別するということは、この色の差を生得的な感覚で判断している証明にもなるのです。チンパンジーと赤ちゃんを並べるのも失礼かもしれませんが、この2つの実験は人間と色の関係を考えるのに、ものすごく興味深いものなのです。

ちょっと寄り道したので、話をもとに戻しましょうね。

先の「色彩語の進化の訂正案」の第一段階は、やはり2グループで、「白／赤／黄」グループと「黒／緑／青」グループ。前の発表と比較すると、色彩語の誕生時は、白・黒といった明暗の分類だけでなく、そこに色的な要素が加わっています。このとき色は「赤／黄」と「緑／青」グループというより、個人的には「赤」と「赤以外」にして考えるとスッキリするんですよね。

なぜなら白・黒という「明暗」以外では、赤が人類の進化にとって一番意味を持ってきたからです。だからまず「赤」。そして赤の周辺の橙や黄色は、炎を見てもわかるように境界があいまい。その上、光は色の歴史から考えると常に白や黄で分かち合い、さらに日本語として光が差した状態の「明け」が、白じゃなくて「赤」と同義語なのを見ると、このグループ構成に異存はありません。なので単純に分けるなら「重要な赤とそれ以外」にするとスッキリ。

また黒、緑、青の関係性は、私たちの文化のなかにもまだかなり残っていますよ。例えばあの「緑の黒髪」は、緑と黒が表現としてつながっていることを示し、青信号など、緑と青を同じ色にあてて呼ぶ話もありました。またアイヌの人々は藍色を好み、それは黒のバリエーションとして。こうした色のとらえ方はほかの異なる文化圏でも、似たように使っている例が見られます。

また古代の色の分類が大まかなのは、強い霊力を持つ色が身近にないときは、その代わりに似たような色を同じように使えるという共通の歴史が。加えて、天然の染料や顔料は色の発色が不安定。だから分類が大らかでもよかったし、大らかであったほうが使いやすかったわけです。

そうして色の古代史を慎重に観察すると、やはり人々にとって重要なのは「明るいか暗いか（濁っているか）」と「赤かそれ以外か」に見えます。つまりこれこそ人間の感覚に最も重要な色の特性でしょう。だから2009年の新しい色彩語の進化モデルが、まさにそうなっていたことは驚きと同時に、やっぱりね、という確信も。なぜなら歴史だけでなく、子どもや大人が描いた色に共通するイメージの表現が、この「明るいか暗いか（濁っているか）」と、色ならば「赤かそれ以外か」だからです。

序章で書いたように、一色一色に普遍的イメージはないのですが、ただ誰の絵にも、赤は何かの強い感情を。明るさは軽やかさや弱さを。暗さや濁りは、ネガティブな感情に結びついて表現されている傾向があり、これは普遍的だと思います。そこに各色の特徴的要素やほかの要素がプラスされて熟語のようになったり、社会の記号・個人の体験が加わったりする、そんな色と表現の関係に見えるのです。何だか「え、それだけ？」という声が聞こえてきそうですけど。

世の中、あまりに「色彩心理」という言葉がひとり歩きをしているので、ついつい厳密なことを言いたくなります。そうは言っても色を分類する能力が人類には生得的にあるので、たとえ微弱で、あっという間に別の何かの影響で消え去ったとしても、ほかの色もメッセージを発している可能性はあるんです。いつか人の心と色の関係はもっとはっきりするのでしょうか。人類よ、滅びないで探求の旅を続けてね。

10　お歯黒の不思議な世界

白粉で整えた白い肌と赤い唇。この白と赤の色は、古くから世界中の地域で見られる化粧の色ですが、日本はこれ以外に独自の伝統化粧があります。そう「お歯《は》黒《ぐろ》」です。

黒化粧として、長く日本に根付いていたお歯黒。現代の私たちの目には奇異に映りますが、縄文時代後期から人骨にお歯黒のような形跡があり、『魏志』倭人伝にも「黒歯国《こくしこく》あり」と記述され、かなり古くからこの習慣が日本に誕生していたといわれます。もっとも口元でいえば、縄文時代は抜歯が主流だったので、お歯黒の開始時期を疑問視する研究者もいますね。意外かもしれませんが飛鳥時代の聖徳太子は、白粉にお歯黒をしていたともいわれているんですよ。

女性の化粧法としてお歯黒がはっきり登場するのは平安時代。やはり日本独自の新しい文化が開花したときです。自前の自然な眉を抜いて（引眉《ひきまゆ》）、額の上部にちょこんと眉を描き、お歯黒を施せば、洗練された美しい女性に見える、そんな話が『源氏物語』などにも描かれています。

この眉とお歯黒はセットで、当時は男子の元服に相当する女子の通過儀礼。高貴な女性は10歳ごろには始めていました。もしかすると通過儀礼としての抜歯が、痛みや危険を伴いすぎるせいで女子は「塗る」だけになったのかもしれない、なんて想像もしています。

平安時代の後期には、白粉や紅、引眉して殿上眉（いわゆるまろ眉）にお歯黒といった同じ化粧法が、公家の間でも行われるようになった話は白の項でもしました。さらに広まったのは、あの平家一族が貴族と同等であるという意識からといわれます。でもステータスの証とする化粧の意味が平家没落以降、だんだんとその意味を変えていくことになるのです。ここが武士のおもしろいところ。

室町時代になると、常に死と隣り合わせだった身分の高い平氏の武将たちは、いつ敵に襲われ散っても恥ずかしくないようにと、日ごろから身だしなみに気を配っていました。戦場での斬首も考え鎧《よろい》や兜《かぶと》だけでなく、切り落とされた首であっても、身分相応の「姿」が重要と、白粉やお歯黒などを施して向かったのです。ここでの化粧は強烈な生と死への美意識でした。この時代の兵士たちはより褒美をもらいたくて、身分の高そうな敵の首を落とすことが重要でしたが、落とした敵方の首を判定してもらう「首実検《くびじっけん》」に持ち込むとき、時には化粧をしていない首に化粧を施して持って行ったという話まであります。

この武士の覚悟の化粧は、儚さとステータスの象徴だった女性にとっての化粧にまで影響し、武家の女性の身だしなみという礼法につながって、一種の儀礼行為になっていきます。

当時は将軍家の男子まで、元服前にお歯黒や引眉の儀式をしたそうです。女子もお歯黒と眉化粧は儀式化、礼法とされ、9歳でお歯黒、眉化粧は15、16歳という礼法資料が残っています。

それにしても身分が低い者はずっと化粧やお歯黒とは無縁。1000年近く白い歯を見せて笑っているのは下層の証ですからね。となるとやはりこの黒化粧はパッと見て明快な身分証明。いいなぁという憧れの気持ちが、お歯黒を美しいと感じる感覚に変換させたのかもしれません。

戦国時代も武士の化粧や女性の礼法として生きのびたお歯黒文化。平和な江戸時代では、武家の女性のみならず化粧が庶民にも広がりますが、お歯黒は高貴さの証ではなく、今度は女性の年齢や立場の証となるのです。

「証」は眉と歯の黒化粧セット。眉あり白い歯は未婚。眉ありお歯黒は既婚。眉剃りお歯黒なら子持ち。まぁ明快だこと。とにかく見てはっきりわかる状況説明。また当時の適齢期は15歳から18歳くらいといわれていましたが、女性は未婚でも19歳くらいになると、何と自らお歯黒をしたとか。そうなんですよね、女子の気持ちは今も昔も複雑なんです。ついでにいえば、江戸後期の若い町人男子は、眉を抜いて薄くした「かったい眉」でおしゃれをしたり、銭湯では軽石を使って必死にすね毛を含めたほかの毛も処理をしていたとか。ああ、これも変わりません。

江戸時代が終わりを迎えても、女性たちと天皇家や公家の男性には、お歯黒の習慣が残っていました。即位前の明治天皇が白粉と頬紅、お歯黒をしていたという記録が残されています。その習慣も近代化、西洋化の掛け声とともに消え、１８７０年、公家にお歯黒禁止令が出され、とうとうお歯黒文化も終焉を迎えます。庶民の女性は大正時代までお歯黒をしていた人もいたそうですが、奇異な化粧法として、今では時代劇でもやっていませんね。

江戸の化粧は全体として薄化粧で、お歯黒の色だけは黒々とした色がよしとされ、ちらりと見える口元の黒に色気があるといわれました。そんな色気を知りたいなら、江戸後期から明治にかけて最後の巨匠といわれる浮世絵師、月岡芳年《つきおかよしとし》が晩年に制作した美人画がお勧めです。彼が描く女性は色っぽくて美しい。これを見ると少しお歯黒の色気が理解できるかもしれません。個人的には芳年の実力は怪奇絵、武者絵で最大に発揮されると思うのですが、残念、こちらは一般受けはしないのかも。

さて駆け足で見てきたお歯黒の歴史ですが、あの黒は何から成っていたのでしょう。

古代は植物の実を噛むなどして黒く染めたのが始まりといわれますが、お歯黒のことを「鉄漿」とも書きますね。これはその後に始まった五倍子《ごばいし》（ヌルデという植物に寄生する虫が作るコブ）の粉と鉄を使って染めたからです。鉄からなる鉄漿水の材料はお酢を加え発酵もさせるので手間がかかり、しかも強烈に臭くて苦い。本当に大変だったようですよ。唯一よかったのは虫歯の予防に効果があったこと。これだけは昔の人にとってありがたかったでしょうね。

お歯黒のルーツについては、実はよくわかっていません。でも中国の化粧法にはないので（中国は広大で一部の民族には歯を黒く染める風習があるともいわれる）、日本独自のものという説や東南アジアからの流れという説など様々。アジア・アフリカでは歯の黒染めと赤めの風習があり、インドより日本側は黒、インドからアフリカ方面は赤といわれます。

染める理由も様々で、植物を噛んで色がつく「嗜好品」は、そんなものを入手できて噛んでいられるほど豊かな証拠という身分説やただの嗜好品説。そして女性の美しさが増すという美人説など。

女性の美につながるという発想は、暗闇に浮かぶ白粉の顔と同じく、剃った眉とお歯黒もまた不思議な表情を生む技法。どうしても女人の神秘性を際立たせたかったのか。女性の口元を強調するためとも考えられます。白い歯を黒で消すと、その様子に目が行きますから、赤い唇はより赤みに目が行きますね。これらがミックスされて慣れていくと、憧れやら性的やらで美に感じるのか。とにかくお歯黒についてはまだまだ解明されていないのです。

ところでお歯黒が持つ意味ですが、やはりそこは日本。ほかの地域と大きな違いも生まれていました。あの武士が化粧にこだわったひとつの理由。死への美意識がありましたね。そのなかでお歯黒は、仏門の袈裟の黒と同じ意味を持った地域もあるのです。

月岡芳年『風俗三十二相』「いたさう」「しなやかさう」
町田市立国際版画美術館所蔵

袈裟の黒は何にも染まらないことを表し、仏門に帰依した者の不動の心、信仰への深さの色といわれます。それと同じく、小田原北条氏の武士たちのお歯黒は、主君への絶対の忠誠心を示した行為とされました。さらに江戸時代の既婚女性のお歯黒も、夫が死んでも再婚はしない、貞淑な女性の在り方を説いた儒教の教え「貞女二夫にまみえず」の黒だったというのです。

お歯黒の黒にそこまでの決意を持たせる日本人。昔の人の精神はすごいです。ああ、たかがお歯黒、されどお歯黒。黒の威力のたまものか。

山脇恵子（やまわき・けいこ）
心理カウンセラー、芸術療法士（日本芸術療法学会）。東京成徳大学大学院心理学研究科修士課程修了。子どもの絵と色彩の心理について島崎清海氏に師事し、その後臨床による色彩と心の研究を深める。長く医療少年院において芸術療法を実施。心療内科クリニック、メンタルサポート・オフィスなどに勤務する傍ら、セルフセラピーのグループセッション、色彩心理のセミナーなど、色彩と生活を結びつける活動を幅広く行う。現在は東京恵比寿にてカウンセリングルーム「Room YAMAWAKI」を主催。
著書に『史上最強カラー図解　色彩心理のすべてがわかる本』（ナツメ社）など。

本作品は当文庫のための書き下ろしです。

だいわ文庫

色《いろ》は語《かた》る
色彩《しきさい》と心理《しんり》の不思議《ふしぎ》な関係《かんけい》を読《よ》む

著者　山脇恵子《やまわきけいこ》

二〇一七年五月一五日第一刷発行

発行者　佐藤 靖
発行所　大和《だいわ》書房
東京都文京区関口一―三三―四 〒一一二―〇〇一四
電話 〇三―三二〇三―四五一一

フォーマットデザイン　鈴木成一デザイン室
本文デザイン・DTP　奥定泰之
本文印刷　歩プロセス
カバー印刷　歩プロセス
製本　ナショナル製本

ISBN978-4-479-30646-7
乱丁本・落丁本はお取り替えいたします。
http://www.daiwashobo.co.jp